ATRÉVETE A SER QUIEN ERES
(AUNQUE NO GUSTES)

WALTER RISO

ATRÉVETE A SER QUIEN ERES (AUNQUE NO GUSTES)

GUÍA PARA REBELDES
QUE AMAN SU INDIVIDUALIDAD

 Planeta

© Walter Riso
c/o Schavelzon Graham Agencia Literaria
www.schavelzongraham.com

Derechos reservados

© 2022, Editorial Planeta Mexicana, S.A. de C.V.
Bajo el sello editorial PLANETA M.R.
Avenida Presidente Masarik núm. 111,
Piso 2, Polanco V Sección, Miguel Hidalgo
C.P. 11560, Ciudad de México
www.planetadelibros.com.mx

Primera edición en formato epub: abril de 2022
ISBN: 978-607-07-6883-5

Primera edición impresa en México: abril de 2022
ISBN: 978-607-07-6882-8

Impreso en los talleres de Litográfica Ingramex, S.A. de C.V.
Centeno núm. 162-1, colonia Granjas Esmeralda, Ciudad de México
Impreso en México –*Printed in Mexico*

*A los que luchan por ser ellos mismos
y no se dan por vencidos.*

Ser diferente no es bueno ni malo... simplemente significa que tienes el suficiente coraje para ser tú mismo.

ALBERT CAMUS

Desde esta hora me declaro libre de todo límite
y de toda línea imaginaria,
Voy donde me plazca, soy mi señor total y absoluto,
Escucho a los demás, considero lo que ellos me dicen,
Me detengo, investigo, acepto, contemplo;
Dulcemente, pero con innegable voluntad, me liberto
de las trabas que quieren retenerme.

WALT WHITMAN

ÍNDICE

PARTE II. NO RINDAS PLEITESÍA A LOS MODELOS DE
AUTORIDAD QUE SE CREEN MÁS QUE TÚ: NO HAY GENTE
«SUPERIOR» NI GENTE «INFERIOR»

PARTE III. NO TIENES QUE SER COMO LA MAYORÍA:
DEFIENDE Y REAFIRMA TU SINGULARIDAD

PARTE IV. NO PERMITAS QUE TE APLASTEN LAS MENTES RÍGIDAS Y CONFORMISTAS: ÁBRETE A LO NUEVO Y REINVÉNTATE COMO MEJOR TE PAREZCA

INTRODUCCIÓN

Este es un libro que pretende activar en ti la capacidad que posees de ofrecer resistencia (rebelarte) a lo que afecte negativamente a tu humanidad. La sorpresa es que muchos de esos limitantes están en tu cabeza y los aceptaste; allí fueron puestos con mucho cuidado por el aprendizaje social, por las agencias y los agentes de socialización. No me refiero a organizar una insurrección política o tumbar el Estado, sino a una «insubordinación psicológica» contra aquellos preceptos y mandatos que te impiden ser tú mismo y poder así desarrollar los aspectos más importantes de tu personalidad. Limpiar la mente de agentes contaminantes y quitar la cantidad de irracionalidad que te mantiene atado a paradigmas mentales que cada día te van quitando energía y fuerza vital. Todo lo que se oponga a tu esencia y te exija asumir actitudes que no corresponden al contenido de tu consciencia merece tu objeción (claro está, respetando a los demás y sus derechos). Una resistencia pacífica, pero resistencia al fin. Cada vez que dejas sentado un precedente a favor de tu independencia psicológica y emocional, se afianza el autorrespeto que necesitas para ser persona.

¿Te atreves? ¿Eres capaz de ser quien eres, en pleno ejercicio de tu autenticidad, aunque corras el riesgo de no gustarles a los demás? Al intentarlo, quizá no tomes el camino de la mayoría y no sigas algunas de las convenciones socialmente aceptadas. Te saldrás del montón, quieras o no, y tus particularidades se hará manifiestas: estarás con tus semejantes sin ocultaciones ni camuflajes y con la tranquilidad que otorga el ser genuino.

Existe un elemento que le da cohesión a tu manera de actuar, pensar y sentir, un elemento básico y casi instintivo que te define como sujeto y como ser humano. Me refiero a tu *individualidad*, a esa singularidad última que te pertenece por derecho y facilita que la autodeterminación psicológica te acompañe en cada acto de tu vida. La dependencia de los demás y el acatamiento irreflexivo de cualquier mandato te esclavizan. La emancipación y la autoafirmación de tu «yo» te dignifican. Cuando cada célula de tu cuerpo se adhiera incondicionalmente a la autonomía, el bienestar no tardará en llegar.

Esta individualidad es el conjunto de tus actitudes, esquemas, creencias, opiniones, motivos, deseos, pensamientos, sentimientos, sueños, en fin, de todo aquello que plasme en ti *una visión del mundo única e irrepetible* y en pleno crecimiento, es decir, flexible. Tu ser siempre evoluciona y se recrea. Asumir esta singularidad conlleva que te hagas cargo de tu persona y la transformes las veces que lo consideres. Eres tú quien se define a sí mismo. No aceptes pasivamente las etiquetas que te han colgado, arráncatelas de encima y que no se peguen a tu cerebro.

Cuando entiendas, sin ningún tipo de dudas, que eres el último juez de tu propia conducta, tu autopercepción y la percepción que tienes de lo que te rodea y del universo cambiarán. Podrás ver las cosas como son, sin injerencias extrañas ni coacciones. No necesitarás que nadie te valide como ser humano, no habrá maestros que te iluminen, ya que, como decía Buda, tú serás quien lleve su propia lámpara: saborearás tu libertad interior como nunca lo habías hecho. ¿Te animas a tomar el poder de ti mismo y a soltarte de esos lastres que te quitan movilidad psicológica y emocional? ¿Te animas a ser auténtico?

Lo dicho hasta aquí no significa que te alejes de la sociedad y tengas el «síndrome del ermitaño», sino que estés en ella de manera sosegada y constructiva, sin entregar tu individualidad y sin que tu mente se deje idiotizar por nadie. Somos humanos por cuanto estamos con otros humanos, pero sin tener que renunciar a nuestra esencia personal. Por tal razón, *el amor propio no es incompatible con el amor a otros, la empatía y la compasión.* Estar con los demás sin olvidarse de uno mismo tampoco es una forma de egoísmo, como intentan hacernos creer los amantes de la uniformidad: no necesitas despersonalizarte para entrar en contacto con la cultura. Eres un centro de vivencias personalizadas que se relaciona con otros «centros» que también experimentan por su cuenta. Pero lo interpersonal no debe anular lo que es privativo de ti. Si pierdes tu punto de referencia interior y congelas tu «yo», serás un autómata, un robot vestido a la moda.

No importa qué digan las convenciones sociales y los modelos ejemplares que quieren corregir tu comportamiento a toda costa: *cuando se trata de ti, eres tú quien tiene la última palabra.* Asúmelo, aunque la ansiedad te haga temblar de pies a cabeza, que tu consigna sea: «Yo soy quien decide sobre mí», y punto. En el mismo sentido, Epícteto afirmaba: «Yo soy yo, estoy ahí donde está mi elección de vida».

Una vez que empieces a empoderarte de ti mismo, habrá más de uno que se inquiete. Habrá individuos y grupos sociales a los que no les guste nada que pienses por tu cuenta y reestructures tu mente a tu buen parecer y entender. Con toda seguridad se preguntarán qué hacer contigo. Dirán con preocupación: «¿Cómo controlarlo entonces, cómo hacer para que no se "descarríe" y contamine a los demás?». Serás una especie de anomalía o un desajuste, alguien que no encaja en el patrón concebido. Una oveja que no sigue instrucciones hace que el pastor entre en crisis y suelte al perro para que la reubique en el rebaño. Pero no importa que te ladren; serás tú, en plena autoafirmación y autodescubrimiento, aunque no les guste.

Escucha bien, no es cuento. Hay un espacio vital, exclusivamente tuyo, un fortín interior (todos lo tenemos) donde puedes estar cara a cara con tu humanidad tal cual eres, con lo bueno y lo malo a cuestas, al desnudo y sin engaños. Y lo más importante, eres el único que posee la llave para entrar. Cada vez que estés allí, crecerás un poco más, aunque te bombardeen desde fuera.

Este libro pretende ser una guía para que la gente trabaje activamente en el *desarrollo de su libre personalidad*, sin sentirse intimidada y, una vez más, sin dejar de respetar los derechos ajenos (puedes hacer lo que quieras, si no es dañino para ti ni para nadie). Se trata de sacar toda la información basura *(trash out)* que enturbia tu sistema psíquico para poder desarrollar el verdadero potencial que posees. Si a veces sientes un cierto desespero porque no encuentras tu lugar en esta vida, no te preocupes, no habrá más angustias al respecto: descubrirás que tu lugar en el mundo está en ti. No necesitas que nadie te cuelgue medallas ni que te elogien a rabiar, sino estar bien contigo mismo. Presta atención a la siguiente frase de Nietzsche para que lo veas más claro:

El hombre que no quiera pertenecer a la masa únicamente necesita dejar de mostrarse acomodaticio consigo mismo; seguir su propia conciencia que le grita: «¡Sé tú mismo!».

¿Quién eres entonces? Un ser dotado de razón que es consciente de sí mismo, poseedor de una identidad propia y capaz de crear su propia existencia. Desde la profundidad de tu ser llega un mensaje que a veces no escuchas y es pura sabiduría: *en lo posible no dependas psicológicamente de nadie, bástate a ti mismo.* Préstale atención y hazle caso, no tienes que seguir la melodía que llega desde fuera. Si tu música interior es otra, baila tu propio baile, y si no encuentras pareja, baila solo.

Propongo que te liberes de cuatro áreas de adoctrinamiento sociocultural (ataduras) que, de acuerdo con mi experiencia como psicólogo clínico, son una máquina de generar personas inseguras y con miedo a ser ellas mismas, es decir: fáciles de manipular, dependientes y confundidas. Tu mente, la mía y la de los demás han sido educadas para que no podamos pensar y actuar por nosotros mismos como podríamos hacerlo. Nos enseñaron a pedir permiso hasta para respirar, a buscar un referente que nos dé el visto bueno. Todo esto puede revertirse, y a cada condicionamiento que te frena y te limita es posible oponerle un «contracondicionamiento». Esa es la ley del aprendizaje en psicología cognitivo-conductual: todo lo que se aprende se puede desaprender, afortunadamente. Veamos en detalle los obstáculos que dificultan que te encuentres a ti mismo.

— *La primera forma de moldear y amaestrar la mente* tiene que ver con todo aquello que nos dificulta el autoconocimiento. Estamos más orientados hacia lo que sucede en el exterior que hacia lo que ocurre en nuestro interior, lo cual fomenta la ignorancia de uno mismo. No existe una cultura de la interiorización que te induzca a estar contigo mismo y promueva el «cuidado de sí». La primera parte del libro: «La recuperación del "yo": volver a pensar en uno mismo», apunta a dar ese giro hacia la autobservación y oponerse a todo intento de secuestrar tu «yo» y cosificarlo.

— *La segunda forma de moldear y amaestrar la mente* es la que nos lleva a aceptar una obediencia ciega a ciertos modelos de autoridad y sus argumentos (morales, económicos, educativos, intelectuales, espirituales) y a rendirles pleitesía porque son personas «importantes». La instrucción con la que nos educaron es: «No te sueltes demasiado de la influencia de estos modelos, ellos saben lo que te conviene». Pero ten presente que admirar es una cosa y venerar, otra. La buena admiración implica no imitar y dar tu propia versión de lo que sea, una versión con tu sello personal. La veneración es subyugación. Una cosa es inspirarte, y otra, someterte. Si alguno de estos personajes se mete en tu cabeza, serás su esclavo, necesitarás su visto bueno para todo. La segunda parte del libro: «No rindas pleitesía a los modelos de autoridad que se creen más que tú: no hay gente "superior" ni gente "inferior"», hace

hincapié en la conveniencia de ejercer una desobediencia responsable y oponerse a todo intento de so-
juzgar tu valía personal ante un modelo insano y limi-
tante.

— *La tercera forma de moldear y amaestrar la mente* es incul-
car la idea de que formamos parte de una totalidad in-
diferenciada de personas (rebaño, masa, conglomera-
do, conjunto, tribu). Todo está preparado para que te
guardes tu personalidad en el bolsillo, te pongas el
uniforme y te diluyas en la muchedumbre. Defender tu
singularidad te convierte muchas veces en una oveja
negra (no rosada, amarilla o verde, sino negra). Cuando se te obliga a ser totalmente homogéneo con los
demás, pierdes el factor humano que te caracteriza. La
tercera parte del libro: «No tienes que ser como la mayoría: defiende y reafirma tu singularidad», señala la
importancia de no adquirir una mentalidad de masas
y oponerse a cualquier intento de menospreciar, des-
conocer o modificar tu identidad personal.

— *La cuarta forma de moldear y amaestrar la mente* es la afirmación de que no se deben generar modificaciones
importantes en la sociedad o en tu vida porque es inútil o peligroso, y promover una actitud miedosa ante
cualquier posible cambio. Las personas conformistas
son vistas como ciudadanos modelos, y el rechazo a la
novedad se ve como el principal valor a defender. Si
caes en este inmovilismo, matarás tu capacidad de
asombro y sorpresa, serás como una máquina. Tu humanidad irá a menos y te resignarás a «sufrir con comodidad» aquello que jamás deberías haber aceptado.
La cuarta parte del libro: «No permitas que te aplasten

las mentes rígidas y conformistas: ábrete a lo nuevo y reinvéntate como mejor te parezca», propone asumir una actitud inconformista y oponerse a cualquier forma de resistencia al cambio.

En cada una de las partes mencionadas y sus respectivos apartados, encontrarás un análisis temático, reflexiones sobre algunos puntos específicos («Para que medites sobre esto»), ejercicios y casos que buscarán ayudarte a consolidar tu individualidad y a ser lo que eres en verdad. Puedes empezar por la parte que quieras del texto, eso no afectará a su asimilación.

El pensamiento central que guía estas páginas se genera a partir de un condicionante básico: si no puedo ser yo mismo en pleno uso de mi libertad interior y dirigir mi conducta, entonces dejaré de existir como sujeto pensante. No tendré autodeterminación alguna ni autogobierno, solo habrá en mí el ánimo de un borrego bajo el auspicio y los aplausos de otros borregos. ¿La propuesta? Una mente *empoderada, irreverente, singularizada* e *inconformista*. Y a volar.

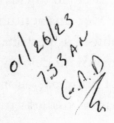

PARTE I

LA RECUPERACIÓN DEL «YO»: VOLVER A PENSAR EN UNO MISMO

Aquel que mira hacia afuera sueña;
aquel que mira hacia adentro despierta.

CARL JUNG

Todo hace pensar que te has olvidado de ti, como esas personas que ves por ahí pegadas a su móvil en alguna fila, en el autobús o en un restaurante. Están absortas en cualquier cosa que les llega del aparato, conectadas a él y desconectadas de sus cerebros. ¿Cuáles son las consecuencias del «olvido de uno mismo»? Que dejas tu vida librada al azar, porque no hay quien la ponga a funcionar desde dentro y de manera voluntaria: no hay quien tome el timón para modular las injerencias externas.

Tu «yo» se ha debilitado, simplemente porque no lo has alimentado ni lo has puesto a funcionar como deberías. Cuando hablo del «yo», no me refiero al ego, sino a esa estructura cognitiva móvil y cambiante que organiza la información y además clasifica y prioriza las diversas demandas que llegan a nuestro cerebro.

Gran parte de la cultura y la enseñanza social se han encargado de señalar que la «preocupación por uno mismo» es peligrosa, ya que podría degenerar en el peor de los narcisismos. Se deja claro que el «cuidado de sí» u «ocuparse de uno mismo» puede llevarte a un individualismo radical o a un egoísmo salvaje. Durante siglos se nos ha dicho que lo correcto es la «renuncia de uno mismo». La consigna que nos acompañó es que éramos pecadores de nacimiento, inherentemente indignos o un exabrupto del universo. El resultado de estos mandatos y otros similares conduce inexorablemente a la *devaluación y la ignorancia de uno mismo*. ¿Para qué conocerse si uno es un error, si solo encontraremos cosas negativas? ¿Qué autoestima puedo fomentar en mí si tengo que pedir perdón por existir?

En la gran mayoría de los colegios y de las familias se enseñan valores como altruismo, urbanidad, solidaridad, respeto al prójimo, caridad y generosidad, entre otros, lo cual está bien, ¿pero quién educa de manera clara en el valor del autoconocimiento y el autorrespeto? ¿No debería haber asignaturas obligadas y correlativas inspiradas en Sócrates que se llamen, por ejemplo, Conócete a Ti Mismo I, II, III, y así? Hacer que nuestros niños piensen más en sí mismos de manera adecuada y consciente sería toda una revolución (obviamente, sin descuidar el resto de la humanidad y el planeta). No puedes crecer y mejorar como persona si no tienes claro quién eres o solo te conoces superficialmente.

En nuestra sociedad occidental, la educación carece de la principal de las ciencias: la que propicia la autoconciencia y la evolución de la mente. En los planes de estudios pesan más las Matemáticas, la Física, la Química y la Economía. Incluso en muchos países se ha retirado la materia de Filosofía de los programas, porque se considera una pérdida de tiempo el arte de saber pensar.

Una de las formas que la cultura utiliza para moldear y amaestrar tu mente es mantenerte distraído y ocupado lo suficiente en cosas externas para que tu autobservación pase a un segundo plano. El mensaje que se cuela en tu cerebro es: «Tú no eres tan importante como lo que te rodea». Además, no solo te excluyen porque supuestamente «vales menos», sino que te convencen de que eso es moralmente correcto y luego te entregan el control para que seas tú quien se mantenga autoexcluido. Es la trampa perfecta: sin saberlo, trabajas para aquellos a quienes no les interesa que pienses por tu cuenta. Por eso la propuesta de esta primera parte es: *toma el control, no dejes que te alejen de tu ser, fortalece el «yo» para que nadie ose pensar por ti.*

Cuando hablo de redirigir la mirada del exterior al interior no me refiero solo a la meditación, que sin duda es muy útil, sino a que actives también una serie de elementos psicológicos y emocionales que te permitan recuperar psicológicamente tu «yo» y ponerlo a funcionar como mejor te plazca. Por ejemplo, activar aquellas estructuras mentales que tenías medio dormidas, como autonomía, autoevaluación, autoconfianza, autodirección, autorrealización, autoeficacia, autoaceptación, autodeterminación, y muchos otros «autos» que, en su conjunto, configuran la percepción de lo que eres y la defensa activa de tu individualidad. Lo que te propongo es reacomodar el periscopio y poner en práctica *un amor propio sin excusas y un interés saludable en ti mismo.*

Si llevas a cabo este cambio en la orientación de la mirada para equilibrarla y rompes el patrón que te han impuesto de «prohibido ocuparte demasiado de tu persona», se producirá en ti una *conversión mental*, una transformación que te acompañará toda la vida. Subviertes el orden mental que ha establecido el aprendizaje social de manera pacífica e individual. No te subyugas a él.

Ensaya observarte a ti mismo, investiga cada recoveco de tu mente y de tus emociones, explora tus historias, recuerda eventos significativos, pregúntate por tus metas, reactiva esos sueños dormidos o la mejor de tus fantasías y te aseguro que el solo hecho de intentarlo resultará apasionante.

¿Qué beneficios lograrás haciéndolo? Presta atención, y solo por citar algunos:

— Ser autónomo en tus decisiones.
— Confiar en ti mismo.
— Fortalecer la autorrealización.
— Aprender a rebelarte cuando algo afecta a tu dignidad o a tus principios.
— Tomar el control de tu vida y ser dueño de ti mismo.
— Reforzar la autoaceptación.
— Ser capaz de entender y afrontar tus miedos y tristezas.
— Comprender que no debes necesariamente renunciar a tu persona para ser solidario («Te cuido y me cuido», «Te ayudo y me ayudo», «Te quiero y me quiero»).
— Reafirmar el autorrespeto.
— Obtener mayor bienestar.
— Disfrutar sanamente de la soledad.

Y la lista sigue. Todo apuntaría finalmente a un factor determinante: el desarrollo de tu potencial humano, cuyo significado es *llegar a ser todo aquello que eres capaz de ser*. Que un pensamiento clave dirija tus acciones: «Me declaro investigador de mi propia existencia». Bucear dentro de ti para que no te manejen desde fuera.

EJERCICIOS Y RECOMENDACIONES PARA EMPODERARTE DE TI MISMO

Empieza el contacto con tu «yo»: quítale volumen a la soledad

Practicar el silencio es vivirlo y perderse en él. Una soledad atontada por el ruido y las actividades múltiples está contaminada de compañía. Ensaya a estar solo con tu persona para que veas la diferencia. Juega a ser ciego, sordo y mudo por unos minutos. Ponte una venda sobre los ojos, tapones en los oídos y cierra la boca. Toma conciencia del asilamiento que ahora tienes del exterior. Algunas personas no aguantan ni siquiera segundos porque se asustan o empiezan a sentir que pierden el control. Si ese es tu caso, solo tápate los ojos.

Cuando tus sentidos no están presentes, tu mente se desconcierta. Ella está acostumbrada a vivir ocupada en otras cosas, distraída y parlanchina. No le gusta estar mirándose a sí misma, eso confronta y produce temor. Por eso algunos prefieren permanecer ignorantes de sí mismos: duele menos, pero te vuelve más estúpido.

——————Ejercicio: Empezar el contacto——————

Cuando hayas bloqueado tus sentidos, desplázate por tu cuarto, desliza tus dedos por las cosas, siente la textura e imagínate las formas que han habitado tu entorno inmediato y de las que ni te habías dado cuenta. Trata de no ponerle nombre a nada. Solo toca y deja que tus sentidos exploren. Abre la ventana, respira el aire, concéntrate en él. Nunca respiramos conscientemente, a no ser que estemos meditando o de vacaciones. Trata de que tu cuerpo asuma la respiración en estado puro, desde las fosas nasales hasta los pulmones. No ves, no oyes, no hablas; solo exhalas e inspiras. Quizá no lo sabías, pero tu «yo» se regodea cuando lo haces, se descubre vivo, acompañado de ti. Ahora eres uno en pleno despliegue de su existencia. No es magia, es el espacio vital por donde tu ser transita a sus anchas. Nada te molesta, nada te inquieta. Es tu trabajo. Vuelve a desplazarte, conoce más sitios.

Ahora huele, como si fueras un perro policía. ¿A qué huele tu hábitat? ¿Tu ropa? ¿Tu cama? Quítate la ropa, pasa las manos por tu cuerpo y luego huélete sin recato. No importa cómo sea tu olor, te pertenece. Es la exudación de tu vida. No evalúes, solo siéntete, conócete.

Vuelve a la ventana y quítate los tapones, empieza a reconocer los ruidos. Los lejanos y los cercanos. Déjate llevar por ellos, identifícalos. Unos minutos bastan. Ten en mente lo que afirmaba el místico islámico Rumi: «Cuando el oído se afina, se transforma en un ojo». Palpa hasta el último rumor.

Ve hasta un espejo, quítate la venda. Y mírate. Solo obsérvate a los ojos. Son los tuyos. En ese momento es como si el universo se viera a sí mismo. Toca tu rostro con cuidado, despacio, no dejes nada sin repasar. Piensa: «Este soy yo». Que te importe un rábano si te gustas o no te gustas. Eres tú, es lo que tienes, es lo que vales, es lo que respiras.

Ahora siéntate en un lugar cómodo y utiliza cualquier meditación que te hayan enseñado. Cuando la hagas, repite como un mantra «yo soy» varias veces. Luego trata de leer algo agradable. Solo descansa. Ese lugar que habitas ahora es personalizado, solo cabe uno. Entonces la soledad y tú habréis empezado a hacer las paces.

Un diálogo que leí en alguna parte, para que reflexiones sobre él:

—¿En qué idioma habla la divinidad?

—¿Aquí en la Tierra? ¡Con seguridad, en sánscrito! ¿Acaso dudas?

—Sí. Yo creo que el verdadero idioma del universo y de lo trascendente es el silencio.

El otro cerró su libro y se fue furioso.

Habla contigo mismo en voz alta y escúchate

El pensamiento, en última instancia, es el lenguaje interior, un lenguaje replegado sobre sí mismo. Se habla mucho de tener un diálogo interiorizado, y nadie duda de su importancia. Pero lo que te propongo aquí es exteriorizar el debate interior y hacerlo audible: hablar contigo mismo en voz alta. De manera similar a cuando tienes los auriculares puestos y hablas con alguien desde tu móvil. Aquí el móvil y los auriculares están incorporados a tu cuerpo, y la «otra persona» eres tú. Como resulta obvio, no todo el tiempo ni a todas horas, sino de tanto en tanto, cuando lo consideres necesario, cuando te nazca.

No hablo de esquizofrenia, sino de la charla que establecen unas creencias con las otras, los elementos de una contradicción, o si tienes una duda y quieres exponer el problema, sacarlo.

————Ejercicio: El debate de las dos sillas————

A veces para objetivar el debate pueden usarse dos sillas. Por ejemplo, tienes que tomar una decisión y estás estancado, el conflicto parece que ha inmovilizado tu capacidad de resolver problemas. Supongamos que la duda se da entre una posición más emotiva y una más racional: «Amo a tal persona, pero sé que no me conviene», «Me ofrecieron tal trabajo, me pagan bien, pero mi vocación va para otro lado» o «Lo que me ha dicho mi amigo me ha dolido, no sé si ser sincero y decírselo». En una silla cuelgas un cartel que diga: «Argumentos emocionales» (por ejemplo, «amor», «vocación», «sentimiento de amistad»), y en la otra: «Argumentos racionales» (por ejemplo, «no me conviene», «me pagan bien», «la sinceridad ante todo»). En un lugar está la emoción y en otro, la razón. A medida que vayas haciéndolo debes sentarte en una silla o en la otra, según el argumento sea más emocional o más racional.

Empieza la discusión contigo mismo. Cuando tu punto de vista sea emotivo o sentimental, te diriges hacia el asiento de los «argumentos emocionales», y cuando sea racional, pasas al otro. Vas y vienes, y en cada caso adoptas la posición correspondiente. El doble juego de defender una parte del dilema y la otra, acompañado de un movimiento físico, lo hará más visible y ayudará a que aclares los elementos que integran el conflicto. En más de una ocasión, surge la mejor solución posible o se muestran los vacíos en la información que hay que llenar.

También las conversaciones pueden ser menos trascendentes. Por ejemplo, al levantarte por la mañana, te saludas en voz alta: «Hola, buen día»; antes de salir de casa, te deseas buena suerte: «Pienso tener un buen día; por lo tanto, no metas la pata»; o conversas mientras conduces.

También hay gente que va poniendo en palabras lo que va haciendo en tiempo presente, como si la locución dirigiera la conducta: «Voy a hacerme un café... A ver la taza, la cafetera, le echo agua, la caliento...». Puedes hacer lo que quieras; sin embargo, no dejes de parlotear y sacar a la luz tu pensamiento y amplificarlo (te recomiendo que no lo practiques en público si no llevas un móvil para disimular, porque terminarás en la sala de urgencias de un psiquiátrico).

Habla, conversa, charla contigo mismo. Juega y diviértete. Saca los elementos del pensamiento y obsérvalos. Esto hará que te mantengas conectado a tu mente. Es más difícil autoengañarse cuando gran parte de lo que piensas se hace consciente y se pone sobre la mesa. A veces escucharte en una grabación te muestra lo inadecuado que fuiste, lo absurdo de un razonamiento o la chispa genial que creías no tener.

Estos ensayos harán que tomes plena consciencia de que la mente habla en voz baja o, mejor, *te habla*. Te darás cuenta de que tu mundo interior tiene algo que decir y que vale la pena presarle atención.

Una contraindicación: si hablas en voz alta contigo mismo porque no soportas el silencio o lo temes, estás haciendo trampa. Si realmente te agobia la ausencia de sonido hasta el extremo de tener que oír algo para tranquilizarte, así sea un murmullo, quizá debas pedir ayuda profesional y ver qué ocurre.

Para que medites sobre esto

Cuentan que Pirrón, el creador del escepticismo, seguía hablando aunque sus oyentes ya no estuvieran allí en la plaza pública. En cierta ocasión que lo vieron hablando solo, le preguntaron por qué lo hacía, y respondió: «Me ejercito en ser virtuoso». Respecto a lo de Pirrón, por si te interesa seguir su ejemplo, si estás conversando con alguien y te deja con la palabra en la boca, como nos suele ocurrir algunas veces, no te detengas, sigue hablando, no te quedes «empezado». Conversa con el aire, con una pared, mirando al cielo o al suelo y, claro está, con quien nunca te defraudará, el que siempre te oye aunque te tapes los oídos: tú mismo.

Confía en ti mismo: eres mucho mejor y más capaz de lo que te han hecho creer

Confiar en ti mismo implica percibirte como una persona competente, creer que eres capaz de alcanzar las metas que te propones e ir hacia ellas dignamente y con alegría.

Tomar decisiones confiando en uno mismo es poner a funcionar la autoeficacia: el convencimiento profundo de que sí puedes hacerlo, de que no eres *torpe* o *inepto*. Manda estas dos últimas palabras a la porra. Sácalas de tu vocabulario, no vuelvas a aplicártelas.

Las personas que confían en sí mismas ven los problemas como desafíos constructivos, no escapan ante el primer obstáculo y sus pensamientos son del tipo: «Yo soy capaz», «Cada situación adversa me hace más fuerte», «Las dificultades son oportunidades para aprender», «Pondré mi corazón en la tarea y daré lo mejor de mí mismo», «Intentaré cumplir mi propósito hasta el final de mis fuerzas». Sus sentimientos son de seguridad y valentía. Evitar cualquier actividad por creerte incompetente, sin haberla ensayado, es confirmar irracionalmente la idea de invalidez, como una especie de profecía autorrealizada, porque después de no llevarla a cabo dirás: «Menos mal que no lo hice; si no, habría fracasado». Un fatalismo que se alimenta a sí mismo.

Para que medites sobre esto

¿Cómo sabes que no eres capaz? ¿Por qué lo crees? ¿Estás definitivamente convencido? Tres posibilidades de por qué se genera una pobre autoeficacia: a) haber tenido una historia de errores o frustraciones que configuraron en ti un esquema de minusvalía, b) tener un nivel de autoexigencia demasiado alto que te lleva a ponerte metas inalcanzables, y c) que tus educadores te hayan insertado el germen de la inseguridad al ser

---

muy sobreprotectores: «No lo intentes, no estás hecho para esto». Como sea, si estos factores entraron en tu cerebro, serás tú mismo quien se aplique el freno de emergencia. La mayoría de las personas que tienen poca autoconfianza, cuando deciden enfrentar lo que temen y no aceptar el lavado cerebral al que han sido sometidas, logran superarlo.

Recuerda: solo los estúpidos piensan que nunca cometerán errores (eso, además, los hace especialmente peligrosos). Un error no es un fracaso: en el error se pierde una batalla; en lo segundo, la guerra. Una paciente me decía: «He fracasado en el amor. Me he separado tres veces, quizá lo de tener una pareja no sea para mí». Le respondí: «Te equivocaste en manejar la relación o en elegir con quién estar, pero no has "fracasado" porque el amor abarca mucho más y podrás volver a intentarlo». Y le conté el caso del gato que se sentó sobre un fogón encendido y se quemó la cola, y después nunca más se sentó en ninguna parte. Cuando sobregeneralizamos el error, aparece lo absurdo.

Rebélate contra la idea de la inutilidad. Sí, rebélate. No la aceptes, sácala de tu mente como si fuera un virus infeccioso. Si de verdad quieres dirigir tu conducta, no solo debes contar con tu propia confianza, sino con tu aprobación y aceptación incondicional. ¿Dejarías de amar a un hijo porque no saca buenas notas, no se destaca en ningún deporte o no es «exitoso»? ¿Y qué es ser exitoso? ¿Tener fama, ser millonario, ascender en la jerarquía social, mandar sobre otros o tener muchos bienes materiales? Para mí el éxito está en disfrutar de lo que haces y que te acompañe la paz interior la mayor parte del tiempo. Es decir: el verdadero triunfo está dentro de ti. *Cuando esto ocurre, la alegría se mimetiza con tu ser porque tu logro está más en lo que haces que en lo que obtienes.*

Un video que se hizo viral muestra en parte lo que quiero explicar. Míralo y quédate con el mensaje de fondo: *cuando te sientes a gusto con quien eres y te desprendes de los galardones que la cultura te otorga, necesitas muy pocas cosas para estar a gusto con la vida.* Observa el video del que hablo: «Sin palabras, este video tocó mi corazón»,[1] a ver qué te provoca. Puedo decirte con toda certeza que he conocido gente así, con menos parafernalia cinematográfica, por supuesto, y sin música de fondo.

Es curioso ver cómo la ansiedad por ganar muchas veces se vuelve en tu contra y te hace perder y perder confianza en ti mismo. Por ejemplo, cuanto más ansíes pasar un examen, cuanto más pienses que tu vida depende de ello, menos probabilidades tendrás de aprobarlo. Si te relajas demasiado, tampoco ayudará. Solución: «Me interesa aprobar el bendito examen, pondré de mi parte, pero no es lo más importante en mi vida. Soy más que una nota o un resultado». Esto bajará tu ansiedad y tus habilidades cognitivas funcionarán mejor.

1. <youtube.com/watch?v=GEV-8wnvwes>.

Cuatro recomendaciones que te permitirán avanzar en tu autoconfianza

1. Cada día, cada mañana al levantarte, no digas «otro día para soportar», sino «otro día para superarme»: «Si la realidad es dura, reforzaré mi "yo", lo haré más resistente, me arriesgaré a superar la limitaciones que me he impuesto». Desobedece el aprendizaje al que te han sometido. No eres un inútil. Te han convencido, te han sembrado ese esquema y lo has hecho tuyo. Crea otra historia a partir de ahora, otro relato. No creas a los que te señalan como inepto. Desóyelos y toma el mando. Desde este instante, pesará en ti más tu autoevaluación que la evaluación externa. Tienes que llegar a decir: «Nadie sabe más de mí que yo mismo», y, si no les gusta, que no miren ni se metan. Y si además no creen en ti, ¡pues aléjate de ellos! Quédate con esta máxima de Erich Fromm: «No puede haber libertad sin que exista la libertad de fracasar».

2. Revisa tus metas. Te han colgado un rótulo o te lo has colgado tú. Quizá has reforzado esa idea de que no eres competente tratándote mal a ti mismo o siendo duro con tu persona. Es una posibilidad. Si es así, baja la autoexigencia y ya no te evalúes con criterios severos y rígidos. La ambición desmedida suele afectar negativamente a la autoeficacia de la gente que la sufre porque sus objetivos se tornan inalcanzables. Pero lo contrario tampoco sirve: si tus propósitos son demasiado pobres, nunca sabrás de qué eres capaz. Solución: *objetivos sensatos y manejar aspiraciones inteligentes que te exijan sin destruirte.* No te resignes a tu in-

seguridad. Oblígate razonablemente, todos los días un poco más, hasta que puedas tener el músculo de la confianza. Arranca entonces ese cartel de «incapaz» que pende de tu mente, rómpelo, quémalo y hazlo trizas. Va esta frase de Albert Camus para que la hagas tuya, sobre todo en aquellos momentos en que parece que tus fuerzas se acaban. Llévala en el corazón: «En la profundidad del invierno, aprendí que en mi interior hay un verano invencible».

3. Elimina de una vez por todas los pensamientos automáticos negativos sobre tus capacidades: «No soy apto», «No soy hábil», «No estoy capacitado». No los dejes entrar a tu mundo interior. Elimínalos para que puedas decirte: «No escaparé, le pondré el pecho al vendaval». La verdadera decepción respecto a uno mismo no surge de no alcanzar los objetivos que persigues, sino *en no intentarlo de manera seria y comprometida.*

4. No te empeñes en recordar lo malo: la memoria puede ser muy cruel si solo la alimentas de las veces en que te ha ido mal. Lo único que hará este sesgo negativo del recuerdo es confirmar las falsas razones que sustentan tu idea de inutilidad. Mejor una memoria objetiva, que vea lo bueno y lo malo. Lo bueno para felicitarte a ti mismo y disfrutarlo; lo malo para modificarlo en vez de lamentarte y llorar sobre la leche derramada.

Un pensamiento constructivo que te levantará el ánimo si no logras alcanzar un objetivo

Eres un proceso en plena actividad, la vida misma lo es. Por lo tanto, no tomes tu conducta como un hecho inmodificable, estático y sin historia ni futuro. Siempre estamos en un continuo aprendizaje, es la impermanencia de los budistas y la transitoriedad de todo, incluso de tus errores. Cuando falles, date la oportunidad de poner las cosas en perspectiva.

————————Ejercicio: «Todavía no»————————

Léelo por la mañana y de noche. Intercálalo con una respiración profunda para que asumas las palabras con más intensidad.

¿Cómo hacerte cargo de ti mismo si no crees en ti? En lo más profundo de tu ser hay un guerrero consumado dispuesto a enfrentar cualquier contienda, a superar los reveses que sean, a seguir viviendo con dignidad. ¿Por qué no lo dejas salir? No esperes a que aparezcan las oportunidades para ponerte a prueba, ¡fabrícalas! Crea tu entorno, desafía la adversidad.

Para dirigir tu vida, necesitas la convicción profunda de que ante un problema lo harás lo mejor que puedas. Y para hacer esto, solo necesitas voluntad, ganas de llevarlo a cabo y rebelarte contra la idea de incapacidad que tienes instalada. Repito una vez más: *desobedece a los que te enseñaron a dudar de ti*, hazles la contra y quiérete sin condiciones. ¿Que es difícil? ¡Obvio! Todo lo que vale la pena en la vida lo es. No hay anestesia para esto.

Pero presta atención: cuando no puedas salir airoso de una actividad cualquiera, en vez de decir: «No pude», como si se tratara de algo definitivo o consumado, trata de utilizar el siguiente pensamiento constructivo: *«Todavía no»*. Aplícalo todas la veces que puedas. Piensa: «Por ahora, no se pudo». Sí, solo es «por ahora». La imposibilidad no siempre es definitiva. La premisa es como sigue: «Estoy en un proceso de aprendizaje y esto no se ha terminado». Te quedan muchas batallas para pelear. Lo he visto cientos de veces en mi consulta. Hay personas que en una sola acción, en un solo momento de valentía, descubren que no eran lo que pensaban, y entonces conquistan su propia existencia. 01/28/23 7:57 AM G.R.D

Mejora tu autoaceptación: empieza a calibrar tus «yoes»

Tu mente mantiene en su interior una lucha permanente: el **«yo real»** (lo que eres) *versus* el **«yo ideal»** (lo que te gustaría ser). A mayor discrepancia entre un tu «yo real» y tu «yo ideal», más sentimientos de inseguridad y más vulnerabilidad al control externo y la obediencia irracional. Si me siento como una ameba, por pequeño e insignificante, obedeceré a los seres «más desarrollados». Obviamente, el «yo ideal» es aprendido y se instala en el principio de los tres «más»: «Cuanto *más* tienes o *más* logras, *más* vales».

¿Cuál es la clave para manejar esto? Achicar la diferencia entre los «yoes»: *fortalecer el «yo real» y revisar que el «yo ideal» no ande por las nubes para reubicarlo de manera realista.* Si no lo haces, vivirás frustrado las veinticuatro horas. Por ejemplo, aspirar a ganar el Premio Nobel en Literatura cuando tienes sesenta años y nunca has publicado nada es pecar de un optimismo irracional. Quizá se podría calibrar el «yo ideal» y tener como meta tratar de escribir lo mejor posible y lograr algunas publicaciones y/o ganar algún premio. Como sea, el «yo ideal» puede ayudarte a luchar por tus sueños, pero con los pies en la tierra. He visto cientos de personas con este desfase que se niegan a reajustar los objetivos con el cuento de que «todo es posible si lo deseas de verdad». Pues no es cierto: «ilusión» no es lo mismo que «ilusorio», como lo explicó Freud: *lo primero es la mente que vuela y aterriza, lo segundo es la mente que vuela y se estrella.* Intenta alcanzar lo que se te antoje, pero con una gran dosis de realismo; el golpe, si llega, dolerá menos.

Algunos autores también plantean una segunda lucha entre el **«yo real»** y el **«yo obligado»**, que es la diferencia que se establece entre lo que somos y lo que se espera que seamos, según las normas o reglas que hemos interiorizado por el consenso social, aunque muchas veces sean absurdas o injustas. Si hay una discrepancia significativa entre estos dos «yoes», sobreviene la culpa y la sensación permanente de ser una persona inadecuada, algo así como una oveja descarriada que bordea peligrosamente el abismo de la indecencia y la incorrección social.

El «yo obligado» es una especie de «superyó», un tirano cognitivo que te vigila y trata de que no te salgas de lo políticamente correcto. Esta ultravigilancia, que se lleva a cabo «por uno mismo sobre uno mismo», es inculcada en sus comienzos por los padres alrededor de los tres o cuatro años. O sea, a la edad que tienes réstale tres o cuatro y ahí estará el tiempo que has estado sometido al «yo obligado». En las otras partes del presente texto verás cómo graduar el «yo obligado» y no dejarte aplastar por él.

Para que medites sobre esto

Se nos alerta de manera constante de que no vayamos a caer en una autoaceptación sesgada, en la que exaltemos nuestras virtudes e ignoremos nuestros defectos. Eso está bien porque, si no lo matizamos, alimentaríamos un esquema de grandiosidad. No obstante, también lo opuesto es contraproducente: ensalzar lo malo y negar lo positivo en ti te llevará de cabeza a la depresión. De esto no se habla mucho; nos han dicho que el orgullo no solo es malo, sino pecado. La filosofía espartana es la que predomina en algunos grupos sociales. En mi opinión, si alguien hiere o zamarrea tu autoestima y te hace sentir inferior, utilizar un sesgo positivo a tu favor, es decir, exagerar un poco tu autovaloración, podría ser un paliativo importante. En situaciones en las que se pretende hundir tu «yo», toma partido por ti de manera categórica. Acéptate sin remilgos. Intenta seleccionar información positiva de ti mismo, tenerla a mano y sacarla a flote. Será un trabajo tuyo, íntimo y privado. No debes sentirte mal si de tanto en tanto, sobre todo cuando te atacan a mansalva, cometes el «maravilloso pecado» de darte un baño de autosuficiencia. Utilizo esta palabra en el sentido

de la sabiduría griega, cuyo significado es «autogobierno» y «vivir sin amos, bastarse y mandarse a sí mismo». Si no mantienes activos en la mente tus atributos
positivos, se te olvidarán; la costumbre hará que los
relegues a un segundo plano. Una cosa es la modestia
y otra la falsa modestia. El sabio es humilde, pero no
porque ignore sus virtudes: sabe cuáles son y las tiene
presentes, lo que no necesita es alardear de ellas. En
otras palabras, lo que hace que una persona sea so-
berbia no es que reconozca sus cualidades, sino que
se pavonee con ellas.

Una autoevaluación sana también requiere de dos
enfoques indispensables para seguir considerándote humano. El primero nos llega del budismo y se refiere a la
autocompasión, que no es «lástima por uno mismo», sino
«cuidado de sí», tratarse bien y con respeto. Así como
sentimos compasión (compartir un dolor) y empatía
(ponerse en el lugar del otro cognitiva y afectivamente)
por nuestros semejantes, también podemos profesarlos
hacia nosotros mismos. El segundo enfoque llega del
humanismo y la psicología positiva, y lo definimos como
autoperdón. Y aquí no hay que explicar mucho: ¿por qué
deberíamos perdonar a los demás y no a nosotros mismos?

Escribe un diario de experiencias cotidianas significativas para verte a ti mismo desde otra perspectiva

Escribir sobre tu vida es una bella forma de acercarte a tu «yo» y mantenerlo vigente. Sin censura ni autocensura, y una edición de autor para un solo lector.

Que allí queden consignados momentos, emociones, sueños, acontecimientos, el dolor, la alegría y cualquier cosa que te resulte significativa, o dicho de otra forma: la existencia que transitas y experimentas. Como dije antes, vivimos muy mecánicamente. El diario es una manera de tomar consciencia del día a día. Te obliga a recordar cómo reaccionaste ante determinadas situaciones, qué hiciste, qué pensaste y qué sentiste. Te lleva a recapitular, a volver sobre ti mismo y repasarte. Y en cada lectura descubres algo maravilloso: a quien le escribiste es a ti mismo.

Además de consignar allí de manera general lo que te interesa, existe una manera más técnica (psicológica) de llevarlo a cabo: encadenar hechos, pensamientos y emociones y sacar conclusiones. Este registro suele hacerse cuando alguna situación te ha impactado y quieres ir más profundo.

A todos nos pasan cosas malas, buenas o incómodas y, si bien tenemos el recuerdo de ellas, no somos capaces de sistematizar la información. Esta manera de registrar te dará muchos elementos para conocerte más.

Ejercicio: Encadenar conducta, pensamiento y emoción

Simplemente, cuando ocurra un hecho que consideres que vale la pena tener en cuenta por su importancia, anota en un papel la situación desencadenante, lo que hiciste, lo que pensaste, lo que sentiste y lo que ocurrió luego. Por ejemplo, suponte que una persona anote lo siguiente:

¿Qué paso antes? *Una amiga me dijo que no me pintara los ojos así, que parecía una puta.*
¿Qué pensé? *Soy una estúpida. ¿Por qué me dejo decir esto? Cada día me siento más fea.*
¿Qué sentí? *Ansiedad, vergüenza, ira contenida.*
¿Cuál fue mi conducta? *Me quedé helada. Luego, le dije: «¿Te parece?».*
¿Qué pasó luego? *Cambié de tema y seguimos como si nada hubiese pasado.*

Si encadenas varios sucesos similares, podrás encontrar con seguridad algunas regularidades y sacar resultados significativos de tu modo de actuar. En el caso citado, si lo anterior se repitiera varias veces, ella podría descubrir o reafirmar que depende mucho de la opinión de la gente, que tiene problemas de autoimagen, que teme enfrentar la situación y por eso evita la controversia. Repito, ante ciertos incidentes que consideres importantes o críticos, registra cómo se enganchan los eslabones de la cadena: acontecimiento disparador, pensamiento, emoción y conducta. Será como mirarte a ti mismo con una lupa inteligente.

Traduce tu vida a una narrativa escrita en la que se afirme tu «yo». Abre los ojos y observa cómo actúas en la realidad. Revísate, critícate positivamente, rastrea tu proceder, explórate por dentro y por fuera. No andes atontado por el mundo. Hazte cargo de ti, empieza a frecuentar tu intimidad.

Lentifícate para autobservarte mejor

Intenta bajar las revoluciones con las que te mueves. Define un día en el que no tengas que correr contra el reloj y deja que la parsimonia se adueñe de tus comportamientos: vuélvete pesado y tardío. Que todo tu *software* mental baje su velocidad y te concentres en las emociones y la estimulación.

Lentifícate cuando te bañes, persigue el recorrido de cada gota, siente cómo golpea el agua sobre tu piel, degústala como si estuvieras comiendo tu postre preferido.

Lo mismo en el sexo. Esculca cada poro de la persona con la que estás y deja que ella te escarbe al derecho y al revés. Que la excitación no entorpezca las caricias, que Eros marche a tu ritmo y de ninguna manera al revés (él siempre quiere mandar). Cuando disfrutes, no dejes ir al placer tan rápido, quédate allí un poco más y toma conciencia de él. Que en cada beso puedas percibir cómo el tiempo se dilata. Que cada papila deguste el ser amado. Insisto: como un postre.

Cuando comas, no engullas. Date gusto de verdad, como un sibarita sin ocupación. Mantén los alimentos en tu boca, mastícalos con suavidad, siente cómo se deshacen y tu organismo los recibe. Que el vino o la bebida que tomes no pasen de largo como si fueras a llenar una vasija, aprécialos, conviértete en un catador aficionado, aunque no entiendas un rábano de bebidas. Estarás atento, lentamente, a cada bocado, a cada trago.

Que la música no sea un «ruido» de fondo. Navega en cada nota, absórbela, que retumbe en tu cuerpo y en tu corazón, como si fueras un tambor viviente. Que cuando termine de sonar puedas decir: «La hice mía, me ha traspasado, me ha revolcado, me ha embelesado».

Las cosas que hagas a cámara lenta empálmalas con un agradecimiento. ¿Agradecer a qué? A ser capaz de asimilar cada exaltación, de hacerla tuya hasta colmarte. La lentitud incrementa tu vivencia interna porque aumenta la autobservación. En cada aproximación, vuelves y descubres cosas nuevas. Tu mente se activa y se asombra. Aprende a «matar» el tiempo, que se deshaga frente a tus ojos, y abúrrete atrevidamente hasta ser creativo.

────── Ejercicio: Dibujar la lentitud ──────

Sal a caminar por cualquier lugar. Será un paseo sin afanes. Vas a quedarte observando cada cosa que te interese. Vas a perder el tiempo, dilapidarlo. Deja el móvil en casa y no lleves reloj. No tienes idea de la hora que es ni de a qué hora volverás. Caminarás despacio. No te metas en el revoltijo desenfrenado de los que corren para todas partes y no tienen un momento para el paisaje. Si haces fila, quédate ahí; no importa, te da lo mismo. ¡Cuántas veces peleaste por un puesto o protestaste sobre la atención parsimoniosa de algún empleado! Esta vez, ganas tú: NO TE

IMPORTA. Si entras en un negocio a mirar cosas, te pruebas un par de zapatos o llueve, que tus movimientos sean tuyos, no dejes que la rapidez por la rapidez, que está instalada en tu cerebro como un valor, mande sobre ti. Ese día, no importa que llegues tarde, porque no vas a ningún lado. Si pierdes un autobús, vendrá otro, te dejarás llevar por el «me da lo mismo». Descubrirás que tu flema molesta a los demás, que te mirarán por el rabillo del ojo. Quizá no necesitan ir tan rápido, ya que se han acostumbrado al «corre, corre». ¿Por qué? «Por las dudas», porque la vida es corta, porque el tiempo no les alcanza y se ven obligados a comprar minutos. Piensa qué maravilla: en un mundo hiperactivo donde la urgencia se impone por todas partes, tú, descaradamente, quitas el pie del acelerador. Esa diferencia te hará cosquillas. Eres el dueño de tu velocidad. Así como quien pinta un cuadro, dibuja tu lentitud a medida que te desplaces. En esa pachorra estarás más cerca de ti mismo. Tendrás la oportunidad de contemplar tu «yo» en movimiento.

Ubícate en tu historia personal y activa tu memoria autobiográfica: no puedes saber quién eres si no sabes de dónde vienes

El «yo» es una construcción móvil, cambiante y en plena transformación, y que responde a una serie de hechos y experiencias previas: *las relaciones que estableces con tu persona, con los demás y con el mundo.* Conocerse uno mismo no es solo saber qué sientes y qué piensas en el ahora, también es darte cuenta de la forma particular en que fuiste aprendiendo a ser humano. Es decir: cómo creciste.

Todos tenemos una memoria autobiográfica, de lo que fue nuestra vida, así como la de nuestros familiares y allegados (o al menos eso sería lo esperable). Allí se almacenan hechos, experiencias y emociones, de los cuales no siempre somos conscientes. Lo importante es definir esa biografía, tenerla clara y presente, es decir, *ubicarse en la propia historia*. Esto implica, al menos, dos cosas: conocer todo lo que puedas de tus predecesores y rememorar las etapas más significativas por las que pasaste desde que naciste, aunque sea de tanto en tanto. El resultado será incrementar tu autoconocimiento. Algunos ejemplos de preguntas importantes:

— ¿Quiénes eran tus abuelos? (cuál era su visión del mundo, en qué trabajaron, cómo se relacionaban, cuáles fueron sus sueños, sus virtudes, sus defectos y sus frustraciones, cuán buenos padres eran, qué estudiaron, cómo se conocieron).
— ¿Qué sabes de tus bisabuelos? ¿Tienes idea de tu árbol genealógico?
— Los álbumes de fotos serían, sin duda, un buen comienzo. En cada uno están retratados los momentos y quiénes participaron, gente que no identificas y gente que reconoces. Quizá encuentres fotos antiguas.
— Otra forma es hablar con los más ancianos, a ver qué recuerdan, y recuperar los antiguos cuentos de la familia, esos relatos orales que se han transmitido por generaciones y que siempre, como los mitos, tienen

algo de verdad. Investiga, rebusca, curiosea, como lo haría un arqueólogo.

- ¿Quién es tu padre? ¿Quién es tu madre? (hazte las mismas preguntas que te sugerí para los abuelos). ¿Los conoces a fondo o al menos has tratado de meterte en sus zapatos, en sus problemas, en su intimidad? ¿Sabes qué los hace felices y qué los hace sufrir?
- Y respecto a ti, repasa tu infancia desde que tienes memoria. Revisa cómo creciste, los vínculos que estableciste con amigos y familiares. ¿Cuánto has sufrido? ¿Guardas rencores? ¿Te sientes orgulloso de llevar el apellido que llevas? ¿Tienes sentido de pertenencia con tu linaje? Piensa en tu infancia, en tu adolescencia, cuando ibas al colegio, busca fotos de tus compañeros y profesores. ¿Cómo fue la escuela primaria? ¿Cómo fue la secundaria? ¿La universidad? ¿Tu primer trabajo? ¿Recuerdas tu debut afectivo y los posteriores amores posibles e imposibles? Trata de revivir tu primera experiencia sexual, reconstrúyela, obsérvala con la experiencia de los años.
- Evoca las bodas, cumpleaños, velatorios y nacimientos a los que has asistido. Dolor, alegría, indiferencia.

Recapitula y escribe todos los momentos significativos que han quedado grabados en tu memoria. Ordénalos, métete en ellos y vívelos. Si quieres estar en el aquí y el ahora, hazlo, pero no olvides que eres producto de un proceso evolutivo (personal) y uno evolucionista (de la especie): *eres historia que se mueve en el presente*.

Míralo así: tú y yo en este momento estamos aquí, siendo quienes somos, no porque surgimos como un acto de generación espontánea, sino porque así lo quisieron nuestros ancestros. Todo lo que ellos hicieron y trabajaron, su lucha para sobrevivir y existir, confluyó para que tú y yo hoy estemos vivos, en este instante y en este siglo. Somos la punta del iceberg de una gesta en la que cada antepasado se abrió paso como pudo. Comprender el desarrollo de la propia historia siempre implica, de alguna manera, asumir un legado y, sin caer en fanatismos ni tradicionalismos rancios, honrarlo. ¿Cómo olvidar de dónde vengo y de qué manera fui asimilando el universo que me contiene?

———Ejercicio: Una tarea cinematográfica———

La película *Amistad*, dirigida por Steven Spielberg en el año 1997, relata una historia real, ocurrida en 1839, sobre unos esclavos de Sierra Leona que se amotinaron en un viaje a Cuba. Por diversas razones, el barco se desvía hasta llegar a la costa este de Estados Unidos. Allí los atrapan, encarcelan y comienza un juicio para decidir si ellos son mercancía o personas libres con el derecho para regresar a su África natal. En un momento dado, Anthony Hopkins, en el papel del expresidente John Quincy Adams y defensor de los esclavos, le dice al líder de estos, Sengbe Pieh (interpretado magistralmente por Djimon Hounsou):
—Vamos a enfrentarnos a algo muy difícil.
—No estamos solos —responde Pieh.
—Claro que no —dice Quincy Adams, sin mucho convencimiento—, tenemos la verdad y la moral de nuestra parte...
—Hablaba de mis antepasados —dice Pieh en tono grave y emocionado—. Alzaré mi voz hacia el pasado, hasta el

comienzo de los tiempos, y les rogaré que vengan a ayudarnos el día del juicio. Llegaré hasta ellos y les diré que me infiltren. Tendrán que venir porque en este momento soy la única razón por la que han existido.

Estas palabras dejan mudo al expresidente, quien se queda observándolo claramente conmovido. Te recomiendo que veas la película y saques alguna conclusión sobre tu pasado, tus raíces y tu cultura.

Una experiencia personal. La mayoría de los pueblos africanos creen que, en situaciones desesperadas, uno puede convocar a sus antepasados porque estos nunca los han abandonado. A veces en mi vida, en situaciones límite o muy complejas, me digo a mí mismo que si yo fracaso, ellos, mis antepasados, también lo harán. Esto me llena de energía y me da una fuerza especial para salir adelante.

Desarrolla tus talentos naturales, no negocies con tu autorrealización

En este apartado me referiré a la autorrealización, a esa necesidad vital que tenemos los humanos de desarrollar nuestro potencial y sentirnos, además, felices y orgullosos de ello. Cuando tus talentos naturales se despliegan, tu ser se regocija porque la pasión toma el mando. No me refiero a estudiar o trabajar en lo que propone la cultura del éxito y del poder, sino en ese interés fundamental que te lleva de manera testaruda e inexorable a realizar aquello que amas.

El placer de la autorrealización ocurre en la tarea misma. Lee este relato oriental con detenimiento:

"

El arquero

Cuando el arquero dispara gratuitamente, por el mero disfrute de hacerlo, tiene con él toda su habilidad. Cuando dispara esperando ganar una medalla de bronce, ya está algo nervioso. Cuando dispara para ganar la de oro, se vuelve loco pensando en el premio y pierde la mitad de su habilidad, pues ya no ve un blanco, sino dos.

La clave está en tensar la cuerda, inclinar la cabeza, llevar la mano hacia atrás, visualizar la flecha y soltarla con elegancia. Y, curioso, haciendo esto es muy probable que des en el blanco: se trata de permitir que el proceso te absorba.

Cuando hablamos de autorrealización, tú eres el proceso. Tu motivo no está en el resultado, lo llevas dentro. En psicología se llama *motivación intrínseca*.

¿Cómo saber si realmente se trata de tus talentos naturales? Responde «sí» o «no» a estas cuatro preguntas respecto a una actividad que consideres «vocacional». Piensa bien las respuestas.

— ¿Su aprendizaje te resulta muy fácil?
— ¿Cuando estás ejecutándola sientes que la gente se acerca y te presta atención?
— ¿Pagarías por hacerla?

— ¿Si no la llevas a cabo, sientes que te falta algo importante?

Si todas tus respuestas son afirmativas, es probable que estés frente a un motivo de autorrealización.

Veamos un caso.

Un joven paciente quería ser poeta. Su inclinación era estudiar Literatura, pero eso produjo conmoción en la familia. A lo largo de tres generaciones, todos los integrantes habían estudiado Derecho. Sus tres hermanos (dos hombres y una mujer) eran abogados implacables en su profesión. Mi paciente manifestaba una depresión que iba en aumento debido a un conflicto interno que no podía resolver: lo que debía hacer versus lo que deseaba hacer. El ambiente lo empujaba para un lado y su ser para el otro. Entonces decidí hablar con su padre, que era, a fin de cuentas, el que tenía la última palabra. Resumo parte de la entrevista:

— **Terapeuta (T.):** ¿Por qué le molesta que su hijo estudie Literatura? Mi opinión es que él siente verdadera pasión por la poesía.

— **Paciente (P.):** *(Lanzando un suspiro).* Seamos sinceros, doctor..., ¡poeta! Tengo dos objeciones. La primera es que debemos respetar la tradición de la familia, es casi una obligación y no seré yo quien la rompa. La segunda se refiere a una cuestión más práctica: se va a morir de hambre escribiendo poesía

— **T.:** Él piensa que será un gran poeta. Yo he visto sus trabajos y son muy buenos, aunque nunca se sabe, siempre hay riesgos cuando se elige una carrera.

Cuando yo estudié Psicología y me retiré de Ingeniería, mi familia dejó de hablarme. Mi padre me dijo lo mismo que usted argumenta: «Con esa carrera te vas a morir de hambre». Y ya ve, estoy contento con mi profesión.

— **P.:** Me alegro por usted, pero son excepciones...

— **T.:** Quiero hacerle una pregunta.

— **P.:** Adelante.

— **T.:** ¿Para usted qué es la felicidad?

— **P.:** *(Soltando una carcajada).* ¡Es una pregunta filosófica muy difícil de contestar!

— **T.:** Inténtelo, es interesante pensar a veces en cosas con las cuales no estamos familiarizados.

— **P.:** *(Acomodándose en la silla).* Bueno, yo me considero un hombre feliz, tengo mi familia, mi profesión, una mujer a la que amo, he sido exitoso en lo que he hecho...

— **T.:** ¿Le gusta su profesión?

— **P.:** Por supuesto, si no, haría otra cosa. Es una parte importante de mi vida... *(Interrumpió abruptamente y su mirada encontró la mía).*

— **T.:** ¿Se da cuenta? Usted ha dicho varias cosas que me gustaría que aplique con su hijo. Ha afirmado que la profesión es una parte importante de su felicidad y de su vida, y también, ante la pregunta de si le gusta su profesión, ha dicho textualmente: «Por supuesto, si no, *haría otra cosa*».

— **P.:** Bueno, yo...

— **T.:** Su hijo es incapaz de desobedecerlo, lo cual, debo decirle, es un déficit. La obediencia no siempre es un valor ni un comportamiento adaptativo. Sin su visto bueno, entrará a estudiar leyes y no se sentirá bien, porque su vocación son las letras. ¿Qué es preferible: tener una vida acomodada y trabajar en algo que nos desagrada o no tener tantos recursos y hacer lo que a uno le satisface de verdad? Déjelo hacer otra cosa distinta al Derecho. No hay mayor alegría que ver feliz a un hijo y no hay mayor tristeza que verlo deprimido.

El hombre, al cabo de dos citas, accedió, previa reunión familiar y ante el asombro de los demás. El hermano mayor le preguntó por qué iba a estudiar una carrera, según él, de medio pelo. En este momento tengo en mis manos uno de sus libros. Me reservo su nombre por una cuestión obvia de secreto profesional. Conclusión: *defiende con pasión lo que quieras ser, aunque a los demás no les guste.*

01/30/23
6:55 A.M   G.A.D

El punto de control interno: «Sobre mí decido yo»

Me rebelo y tomo el control de mi vida. Se te ha dicho una y otra vez que sobre tu persona influyen factores externos «inmanejables», pero no se te ha explicado el verdadero poder directivo que contienes en tu interior. Esa potestad se llama **autodirección** o **autodeterminación personal** en psicología (la capacidad que tienes de decidir por ti mismo las cuestiones que te conciernen). Como Epícteto afirmaba hace dos mil años y hoy reafirma la terapia cognitiva: «Lo que importa no es lo que te sucede, sino cómo reaccionas a lo que te sucede». Es decir: no son las cosas las que te afectan, sino lo que piensas respecto a ellas. Es la manera en que procesas la información lo que te hará débil o fuerte, alegre o triste.

Dos maneras de definir tu punto de control:

— Si percibes en una forma considerable que tienes el control de lo que le pasa o le podría pasar a tu vida, dirás: «Yo soy quien gestiona y dirige mi comportamiento». *Tu punto de control será interno.* Te harás cargo de ti mismo, tomarás el mando de lo que piensas, haces o sientes y lucharás por tus objetivos, porque sentirás que el logro de los mismos depende de ti. Dirás: «Mi vida será lo que yo haga de ella».

— Por el contrario, si percibes que aquello que te ocurre está ocasionado por factores externos frente a los cuales no puedes hacer nada, dirás: «¿Para qué esforzarme o intentar mejorar, si no depende de mí?». *Tu punto de control será externo.* No te harás cargo de ti mismo: entregarás la conducción de lo que piensas, haces o sientes a las fuerzas externas que supuestamente operan sobre ti (por ejemplo, el universo, la suerte, los astros, la sociedad, determinadas personas, organizaciones o el pasado). No lucharás por tus sueños y empezarás a bordear el fatalismo/pesimismo. Bajarás la guardia, entrarás a la más cruel de las resignaciones e interpretarás tu esencia como un cero a la izquierda. Pensarás: «Yo no manejo mi vida, me manejan». Ante el fracaso podrás decir que tienes mala suerte o que los astros no te favorecen, en vez de analizar los errores y enfrentar el problema.

Obviamente habrá muchas cosas que escapan a tu control. No podrás detener el curso de un terremoto o de un aguacero. Pero tu verdadero «poder de decisión» está en cómo decides enfrentar esos imponderables. Ante un torrencial aguacero puedes resolver sacar un paraguas, guarecerte en algún lugar, no salir o mojarte. Eres dueño de afrontar los problemas como quieras dentro de tus posibilidades personales. A veces lo harás bien y otras cometerás errores, de todas maneras: *serás tú quien juzgue qué es lo más conveniente*. Repitamos. Cuando algo escapa a tu control, tú elegirás cómo afrontar la situación: aceptar lo peor que pueda pasar, regular tus emociones, ignorar el suceso, ser realista, tener una pataleta, sentarte a llorar desconsoladamente, y así.

Imagínate un bote a vela a la deriva en la mitad el océano, que se mueve por el impulso y la orientación del viento. Se desplaza según el clima y va de un lado para el otro, sin dirección. ¿Qué le falta a la embarcación para dirigir su rumbo? Un motor interno. Una fuerza que sea superior a la de los ventarrones y se imponga sobre ellos. Tú eres el bote y tienes un poderoso y gran motor interno que es tu mente: solo tienes que ponerla en marcha. Y si no fuera posible que el motor funcione por alguna razón, podrías improvisar unas velas y hacer lo que sugería el desaparecido actor James Dean: «No puedo cambiar la dirección del viento, pero sí ajustar las velas para llegar siempre a mi destino». Sea como sea, no dejes que la corriente te lleve hacia donde ella quiera.

Para que medites sobre esto

Si te han desviado alguna vez de tu meta, léelo

Una experiencia personal ilustra lo anterior. Cuando nació mi hija mayor, el pediatra nos sugirió que estuviéramos atentos a si había algún cambio en el color de piel de la niña, porque la veía un poco amarilla. La técnica era apretarle la nariz o la planta del pie para observar si al sacar el dedo la tonalidad que aparecía era clara o amarillenta. Yo me pasé el tiempo haciendo el experimento que nos mandó, y quizás eso, decía mi padre, hizo que la niña fuera chata desde pequeña. En todo caso, comencé a observar que mi hija iba tomando con el transcurso de las horas un tono entre dorado y anaranjado pálido. El problema era que nadie más lo veía. Los familiares de mi señora decían que eran mis nervios, que no siguiera con eso y disfrutara de mi nueva condición de padre. Eran unas treinta personas y varios amigos y amigas que en riguroso turno me alentaban a olvidarme del asunto. Pasadas casi cuarenta y ocho horas, en el cumpleaños de una tía de mi mujer, donde la pequeña era el centro por ser la recién nacida de la familia, prácticamente me prohibieron seguir con el asunto porque eso le trasmitiría ansiedad a la madre, quien tenía que amamantarla (como verás en la tercera parte, en muchas ocasiones la presión del grupo hace que sigas al resto y pierdas autodirección). Fue una lucha entre lo que yo observaba y lo que los demás no querían ver. Incluso llegué a dudar seriamente de mi percepción. Pero al otro día, en la madrugada, mientras todos dormían, no me aguanté, llamé al médico con carácter de urgencia y le dije que, de acuerdo a mi parecer, la niña estaba amarilla. Me dijo que me fuera de inmediato para el hospital y que nos veríamos allí. Subí al automóvil, puse al bebé sobre mis piernas envuelto en una manta y me fui despacio. Mientras iba para allá, entendí que había estado dejándome llevar por la gente que me rodeaba, esposa incluida. Vi claramente que debía defender mi punto de vista y actuar en concordancia porque la vida de mi hija estaba en peligro. Algo tan obvio se diluyó bajo la influencia que los demás, un punto de control externo que ejercían sobre mí. Comprendí que por momentos yo no había sido el dueño de mis actos. Los indicadores de bilirrubina eran altísimos debido a una incompatibilidad sanguínea de subgrupo. Esto significa que había que hacer un procedimiento llamado «exsanguinotransfusión», que consistía en cambiar toda la sangre, con todos los riesgos consabidos. Por fortuna, todo fue bien. Ellos, los que se negaban a ver la realidad, eran el viento que me empujaba hacia lugares a los que yo no quería ir y, por fortuna, mi motor interno, aunque algo averiado, respondió a tiempo. Obviamente, nadie actuó con mala intención, pero tampoco nadie reconoció que se había equivocado.

Conclusión: sobre ti operan fuerzas externas sobre las cuales no puedes hacer nada o en las que solo influyes indirectamente, y también influyen fuerza internas, que surgen de ti y *nadie podrá jamás robarte*. ¿Cuál sería el punto ideal? Diferenciarlas y estar pendiente para que la balanza no se incline hacia afuera de manera desproporcionada ni hacia adentro de manera irracional. No hay un listado sobre el control «interno-externo». Deberás intentar, primero, discriminarlas por ensayo-error y, segundo, guiarte por la premisa de Epícteto, que amplío y explico en mis palabras (lo que me importa es la idea):

> Cuando algo está bajo tu control y es vital para ti, lucha para llevarlo a cabo, hazte matar si fuera necesario, pero si escapa totalmente a tu control, déjalo ir, que prime el realismo para que tu mente no se pierda en un imposible, se desgate inútilmente o te enferme.

Ayuda a los demás sin autodestruirte: un caso para que reflexiones al respecto

Quizá la siguiente frase no encaje con los aprendizajes tradicionales que apuntan a que debemos exaltar, cuidar o ponderar más a los otros que a uno mismo: *la demás gente es tan importante como tú y no tienes por qué invertir todos tus recursos cognitivos para agradarles y cumplir sus deseos.*

¿Solidaridad? Sí, pero sin destruirte. ¿Preocuparte por tus semejantes? Sí, pero sin «despreocuparte» de ti, sin olvidarte de tu persona. Tu identidad no solo debe ser social, sino también personal: se trata de convivir sin perder tu singularidad.

Te dirán que esto no suena bien, debido a que tus intereses siempre deben estar en un segundo plano respec-

to a los de la gente, ya que tu deber es ejercer un altruismo universal y generalizado. Pero no todos somos sor
Teresa de Calcuta o san Francisco de Asís. Además, si lo
analizamos en clave de socorrer a los que sufren, hay una
premisa que debes tener en cuenta: *si te descuidas a ti mismo, no podrás cuidar a nadie.*

Para que medites sobre esto

¿Existe un egoísmo sano?

El dalái lama, en su sabiduría, reivindica un egoísmo
inteligente y sano para ser compasivo. Veamos parte
de uno de sus discursos:

Somos seres humanos y, por naturaleza, todos los seres
sintientes son egoístas; por lo tanto, ser egoísta es válido, tener un cuidado máximo de uno mismo es correcto. Para aquellas personas que se odian a sí mismas es
imposible desarrollar compasión hacia los demás. Por lo
tanto, amarse a uno mismo es la base sólida, la semilla
que se extenderá hacia los demás, eso es compasión.
Entonces somos egoístas, pero deberíamos ser egoístas
sabios en vez de ser egoístas de una forma absurda.
Una mente demasiado intolerante, limitada, extremista
y con visión deficiente es autodestructiva. Esto sucede a
menudo. Si nos amamos realmente, sería bueno que
usáramos nuestra inteligencia de modo correcto: ¡Cómo
sacar el máximo interés a nuestro propio bienestar!

No defiendo la búsqueda de una individualidad insensata y posesiva que se trasforme en un individualismo de línea dura, sino una forma equilibrada y realista de amor propio en la que se mezclen *la autonomía y la solidaridad*. Se trata entonces de que rescates y fortalezcas tu individualidad, sin romper el vínculo esencial que te mantiene unido a los otros y sin caer en el egocentrismo (todo gira a mi alrededor), el egoísmo negativo (lo quiero todo para mí) o la egolatría (rendirme pleitesía a mí mismo).

Veamos un diálogo que tuve al respecto con un paciente. El hombre sufría de lo que se conoce como un síndrome de *burnout* (agotamiento), que suele darse cuando se presta ayuda a otro sin tener en cuenta las consecuencias y los propios límites. Determinada gente en el acto de socorrer a los demás se «quema», se «cansa», se «funde» o se «bloquea»: pierde gradualmente la fuerza del idealismo inicial y empieza a tensionarse y a deprimirse. Mi paciente mostraba todos los síntomas. Colaboraba desde hacía cuatro años como voluntario en una organización que ayudaba a gente de la calle. Durante un tiempo estuvo auxiliando a los indigentes intensamente, sin problema alguno. Sin embargo, en los últimos seis meses había empezado a sentir una fatiga que fue incrementándose rápidamente. Él seguía exigiéndose, pero su cuerpo y su mente no le respondían. Comenzó a tener problemas de sueño, ansiedad y, más tarde, depresión, como si la vida quisiera decirle: «Ya está bien, para un poco». Llegó a mi cita con el rostro demacrado, muy angustiado y con una carga de culpa que no era capaz de manejar.

- **Paciente (P.):** No me siento bien... Ya no puedo seguir el ritmo de antes... Hay personas que me necesitan...
- **Terapeuta (T.):** Cuando se siente mal y no puede ir al voluntariado, supongo que alguien lo reemplaza.
- **P.:** Sí, sí... Pero esa no es la cuestión. Yo asumí un compromiso, ¿me entiende? Es mi deber, no me puedo retirar... Esa pobre gente me necesita.
- **T.:** Según me dijo antes, en todo este tiempo ayudó a muchas personas...
- **P.:** Los que nos metemos en esto no miramos la cuestión de la misma manera, no hay una meta ni un final. Uno no dice: «Hasta aquí llegué». Simplemente seguimos haciéndolo.
- **T.:** Entiendo. Pero no todas las personas son iguales. Algunas tendrán más fortaleza que otras. Siempre hay un límite...
- **P.:** El cielo es el límite.
- **T.:** ¿Cuántas veces va al voluntariado?
- **P.:** Todos los días después de trabajar. Nadie me espera en mi casa; por lo tanto, no hay problema.
- **T.:** ¿Y si fuera dos o tres veces a la semana?
- **P.:** No soy capaz.
- **T.:** ¿No piensa que si usted está mal no podrá asistir a la gente de manera adecuada?
- **P.:** Sí, pero, como le dije, es mi obligación. El mundo está cada vez peor porque las personas no asumen su responsabilidad social.
- **T.:** Es posible. Pero usted también tiene otra obligación impostergable.
- **P.:** ¿Cuál?

- **T.:** Cuidarse a sí mismo. Y no solo porque de esta manera podrá ejercer mejor su labor de apoyo a las personas, sino porque usted lo *merece tanto como los demás*.
- **P.:** ¿Qué quiere decir?
- **T.:** Usted merece sentirse bien tanto como cualquiera.
- **P.:** Pero ¡yo soy un privilegiado!
- **T.:** Puede que sí, pero su vida no vale menos que la de nadie. El «cuidado de sí» es tan válido como el cuidado de otros. ¿O duda?
- **P.:** *(Pensando).* Bueno, pero... No sé...
- **T.:** Mire cómo se encuentra, mire lo que está sufriendo... ¿Está de acuerdo en que posiblemente por pensar en los demás se olvidó de usted? Tiene que regresar a su mente, ordenarla y crear un estilo de vida saludable. Necesita descanso...
- **P.:** *(Interrumpiendo).* ¿Cómo voy a descansar si hay gente sufriendo?
- **T.:** Porque tiene el derecho. Ser solidario no significa negarse a uno mismo. No necesita sufrir para aliviar el dolor de otro.
- **P.:** ¿Y el amor al prójimo?
- **T.:** Debe ser tan fuerte como el amor propio.
- **P.:** Usted me está pidiendo que me encierre y que me aísle del mundo.
- **T.:** No. Lo que le sugiero es que se abra menos al mundo exterior por un tiempo, para que active más y mejor su mundo interior. No se aísle, simplemente sea humilde y reconozca sus límites. Se pasó de la raya, se exigió más de la cuenta. Si usted menosprecia su bienestar, terminará no comprendiendo el ajeno.

Después de algunas citas en las que se trabajó el «regreso al yo», logramos definir una zona de riesgo personal que no debía traspasar. Comprendió dos cosas básicas: que cada quién provee y auxilia hasta donde puede, y que descuidarse a uno mismo es, de alguna manera, existir menos y de forma irresponsable. Regresó al voluntariado sin ansiedad ni depresión, pero, sobre todo, sin hacerse daño.

La autolaceración no es una virtud, aunque se produzca al servicio de una meta aparentemente altruista. La nobleza y el amor empiezan por casa y luego se expanden. Si te «ocupas de ti» de manera sensata, podrás ocuparte del mundo.

PARTE II

NO RINDAS PLEITESÍA A LOS MODELOS DE AUTORIDAD QUE SE CREEN MÁS QUE TÚ: NO HAY GENTE «SUPERIOR» NI GENTE «INFERIOR»

La historia humana comenzó con un acto de desobediencia, y no es improbable que termine con un acto de obediencia.

ERICH FROMM

Cuentan que Diógenes, el filósofo cínico, estaba almorzando en el ágora, sentado en el suelo, cuando pasó un ministro del emperador y le dijo: «¡Ay, Diógenes! Si aprendieras a ser más sumiso y a adular más al emperador, no tendrías que comer tantas lentejas». Diógenes contestó: «Si tú aprendieras a comer lentejas, no tendrías que ser sumiso y adular tanto al emperador».

Hay individuos que se pavonean con su intelecto, su moralidad o su cuenta bancaria, frente a los cuales nos sentimos inferiores. Su sola presencia nos inhibe y nos relacionamos con ellos de manera acomplejada, insegura o muertos del miedo. Nos cuesta verlos de igual a igual. Los consideramos más «importantes» que nosotros porque son «modelos de autoridad»: personas que imitar o que seguir en alguna área, ya sea por sus logros, sus conocimientos o la posición que ocupan en la sociedad. Gente a la que creemos que debemos obedecer ciegamente y rendirle honores porque ostenta prestigio, poder o posición.

No me refiero a la autoridad que emana del Estado y las leyes vigentes que se desprenden de una democracia consolidada, sino a los modelos de autoridad psicológicos/emocionales que ha creado la sociedad (o nosotros mismos, influidos por ella) y a los que se considera referentes en algún sentido y portadores de una verdad irrebatible. Desde pequeños se nos ha enseñado que son personas extraordinarias y que, por lo tanto, merecen un trato especial. De esta manera, poco a poco se va instalando en nuestro cerebro una «jerarquía interpersonal» en la que vamos ubicándonos según sea la instrucción recibida. Para muchos, es «más» un piloto que una azafata, un médico que una enfermera o que un paciente, una persona «culta» que alguien del común, un referente moral que los potenciales pecadores, un maestro espiritual que un discípulo, un profesor que un alumno, un empresario que un empleado, el alcalde que un ciudadano del común, los que tienen un don que los que no lo tienen o el jefe que el empleado. En fin, la diferencia funcional que se desprende del rol que ocupan algunos dentro de la sociedad se traslada al valor como persona. Pero, como veremos, una cosa es admirar y otra venerar.

Así nos convencen y, sin darnos cuenta, como una enfermedad silenciosa, vamos aceptando que no todos somos iguales en derechos. Te creíste el cuento y ahora resulta que te parece «normal» que exista una escala que defina el valor de cada individuo. Por si te interesa y quieres abrir tu mente: *tienes el mayor de los linajes, eres un ser humano.* Y allí, en lo fundamental, todos somos un fin en sí mismo, no un medio, y por tal razón valemos *por cuanto somos*. No importan el estatus, los diplomas, la ropa o el aspecto físico de quien tengas enfrente, no estás por debajo, no debes someterte.

El condicionamiento te ata a cualquier cosa y tiene la capacidad de distorsionar la esencia de tu naturaleza hasta la mínima expresión. El siguiente relato describe en gran parte lo que quiero explicar.

"

El león que se orinaba

Cuentan que un cachorro de león se crio con un pequeño perro. En cuanto nació el felino, el perro lo mortificó todo el tiempo: lo mordía, le ladraba, se le subía encima y le quitaba la comida. Este condicionamiento fue tan fuerte que cuando el león creció y era una bestia que asustaba a todo el mundo, con solo ver al pequeño can de su infancia se orinaba del susto. No importaba la gran diferencia de tamaño o que pudiera acabar con él de un zarpazo. Nada lo hacía reaccionar, porque el temor condicionado anulaba el más feroz de sus instintos.

Quizá estés como el león y en vez de dar un rugido para evitar que alguien te humille, te achicas, te percibes con menos fuerza de la que tienes o magnificas al que tienes enfrente. ¿Qué hacer ante una situación así? La mejor salida es no aceptar el juego de la dominancia/sumisión y ser radicalmente auténtico, así escandalices a media humanidad.

De lo que se trata es de que te importe un rábano quedar bien o mal con esa persona que te deslumbra y, sin lastimarla en ningún sentido, ser como eres. Es decir: desobedecer a quien puede machacarte por obra y gracia del poder psicológico que exhibe. Martin Luther King lo expresó muy bien cuando dijo: «Nadie se nos montará encima si no doblamos la espalda». ¡Así que enderézate!

¿Por qué piensas de manera irracional que algunas personas son más valiosas que tú, aunque el resultado sea aporrear tu autoestima? ¿Te ha pasado alguna vez que, después de mostrarte complaciente y sumiso con alguien «especial», llegas a tu casa con el peso de la vergüenza y no eres capaz ni de mirarte al espejo? ¿No sería más digno, agradable y humano relacionarse sin magnificar al interlocutor de turno y sin minimizar la valía personal? ¿No sería mejor alcanzar un intercambio emocional y cognitivo más equilibrado y menos vertical con los demás?

Para que medites sobre esto

¿No será que vives con un representante de Dios en la Tierra?

En una consulta, un señor le dijo a su hijo de ocho años, para que no quedaran dudas, quién mandaba en casa: «Escúchame bien, hijo, para que lo tengas claro de una vez: los curas son los representantes de Dios en la Tierra y yo soy el representante de Dios en casa. Por eso debes obedecerme». El pequeño abrió los ojos aterrado y asintió con la cabeza sin decir palabra. Qué más podía hacer ante ese mandato cósmico.

Yo pensé: «Pobre niño, lo que le espera». Y me pregunté para mis adentros: «¿Cómo ofrecer resistencia o discrepar ante una orden que proviene de una especie de mesías autoproclamado?». Tener un padre autoritario ya es un problema complicado, pero al menos es humano. Hacer frente a una divinidad es demasiado para un humilde mortal, además de temprana edad. ¿Cómo iba a relacionarse sanamente con el «representante de Dios en la casa»? Portarse mal ya no sería una desobediencia, sino un pecado. Por desgracia, no volvieron a mi cita y no supe más de ellos.

Una vez que entras en una relación de poder enfermiza, puedes quedarte anclado a ella toda la eternidad y repetir sistemáticamente la conducta inadecuada como si fuera un karma. De tanto pensar y sentir que alguien es más que tú, te habituarás a la hegemonía del otro y perderás tu capacidad de disentir cuando debas hacerlo.

Imagínate una situación en la que te sometieran diariamente a una tortura cruel y, pudiendo escapar o defenderte, no hicieras nada porque el verdugo no te da permiso. A todas luces, absurdo. ¿Cómo evitar esto? Asegurándote de que las relaciones que establezcas con los demás sean democráticas y no autocráticas, sea quien sea el otro. Nunca justifiques al que te aplasta. En cualquier actividad es posible ejercer el mando sin faltar al respeto o denigrar a nadie, solo se requiere voluntad de la buena y ganas de hacerlo de manera correcta. Esta frase del filósofo Michel Onfray es contundente por su claridad y reafirma lo anterior: «El verdadero poder es el poder sobre uno mismo. Cualquier otro es una tiranía injustificable».

EJERCICIOS Y RECOMENDACIONES PARA QUE LAS PERSONAS QUE SE SIENTEN MÁS QUE TÚ NO TE DOBLEGUEN

Aprende a diferenciar un modelo de autoridad constructivo (democrático) de uno destructivo (autoritario)

La autoridad que se establece en una relación interpersonal surge del poder que se tiene sobre alguien y que permite al que lo ostenta orientar, dominar o modificar el comportamiento del otro. Lo importante es tener consciencia de cuándo estamos ante una autoridad dañina y cuándo ante una benigna, y qué tipo de relación establecemos con ellas. Te propongo dos clasificaciones para que las utilices en tu día a día y sepas diferenciarlas. Una es negativa y te asfixia; la otra es positiva y ayuda a crecer.

—   Existe una figura de *autoridad constructiva y democrática* que es benéfica para tu ser y produce en ti una expansión de la conciencia (imagina a un maestro budista con su discípulo o una madre amorosa con su hijo). El que posee este tipo de autoridad se preocupa por tu felicidad y potencia tu esencia (talentos naturales). Aprendes de ella sin imposición ni miedo, sino con alegría. La admiras en vez de temerla. Te inspira, en vez de subyugarte. No interfiere con tu autonomía. Su liderazgo es natural y desinteresado y sientes que es un representante legítimo de tus intereses y anhelos.

— Existe también una figura de *autoridad destructiva* y *autoritaria* (imagina a un maestro amedrentando a sus alumnos o a un padre que maltrata a sus hijos). Lo que te hace estar allí no es el deseo de aprender, sino el deber de cumplir so pena de un castigo o un señalamiento. Se acepta el mando de manera sumisa, sin generar contradicción ni oposición por miedo. La llama de la rebeldía se apaga. No andas al lado de la persona que te instruye, te subyugas; no creces, te hundes; no avanzas, te estancas; no te impulsa, te frena. Jamás te permitirá ser tú mismo. Te prohibirá inventar o crear y fomentará la imitación. Su liderazgo será impuesto y totalitario.

Obviamente, entre los casos extremos que presenté puede haber variaciones y matices. De todas maneras, con base en la explicación anterior trata de ver si en tu vida estás bajo el dominio de algún tipo de autoridad destructiva. Si es así, no te comportes como el león frente al pequeño perro, no te orines: más bien ruge a todo pulmón. Por el contrario, si te encuentras cerca de un modelo de autoridad constructivo, sácale provecho y asimila todo lo que puedas de ella, vuélvete una esponja. Eso sí, sin perder tu libertad interior y el derecho a la discrepancia.

No está mal reconocer los logros y las capacidades de ciertas personas, cercanas o distantes, que destacan en algún área. Todo lo contrario. Pero una cosa es que alguien te produzca admiración y «respeto», y otra es tirarte a sus pies, adorarlo como si fuera un semidiós y vivir preocupado por si te habla o te ignora. En la admiración sana no te comparas; disfrutas del bien ajeno. Cuando necesitas llamar la atención de una persona para sentirte bien y reafirmar tu valía personal, habrás creado dependencia de ella, es decir, habrás entregado el poder de ser tú mismo a algo o a alguien. Si te inspiras en el modelo que tomas de referencia, sin renunciar a tus convicciones, crearás tu propio mundo, único e irrepetible. Si te arrodillas ante el «maestro» de turno, repetirás como un loro lo que escuchas sin criterio propio. Serás una triste copia del original, una reproducción insípida porque le faltará tu firma.

Tal como decía Nietzsche, y también Píndaro: «Trata de llegar a ser lo que realmente eres», lo que significa: encuéntrate a ti mismo y rescata tu esencia, aquello que te define. No te desvíes, no te resignes con otra cosa, mantén tu propósito por más autoridades psicológicas o morales que intenten presionarte. Recuerda: *tu «yo» se fortalece cuando definitivamente decides ser lo que quieres y no lo que te dijeron que debías ser.*

Te sugiero activar tu «espíritu de rebeldía» (según la Real Academia Española, una de las acepciones de la palabra *rebelar* es «oponer resistencia», y es en ese sentido que la utilizo). El mismo que tuvieron aquellas personas que influyeron significativamente en el desarrollo y la historia de la humanidad, desde Buda y Jesús hasta Martin Luther King y Mandela, pasando por Sócrates y Giordano Bruno. O mujeres como Hiparquía, Simone de Beauvoir, Eva Duarte, Amelia Earhart, Rigoberta Menchú, Malala Yousafzai o Nadia Murad, por citar unas pocas. En tu caso, no sé si contribuirás de la misma manera sobre el devenir del mundo, pero estoy seguro de que, cuando decidas ser quien eres, tu «historia personal» tomará otro rumbo, uno que te acerque más al bienestar y al funcionamiento óptimo.

A modo de conclusión: a quienes se autoproclaman «autoridad» en algún área y quieren imponerte su manera de sentir o pensar debes declararlos personas no gratas e impedir que su ego te aplaste. Si se acercan con respeto y sin delirios de grandeza, escúchalos, pero si el autoritarismo asoma, aléjate o enfréntalo, pero no te quedes de brazos cruzados.

Cultiva la desobediencia responsable cuando haya que hacerlo

En una entrevista a Eduardo Galeano en la contraportada del periódico *La Vanguardia* de Barcelona de fecha 25 de abril de 2012, la entrevistadora pregunta: «¿Cómo averiguar si uno está vivo o es un muerto viviente?». Galeano responde: «Habrá que preguntarse hasta qué punto soy capaz de amar y **de elegir entre la dignidad y la indignidad, de decir no, de desobedecer.** Capaz de caminar con tus propias piernas, pensar con tu propia cabeza y sentir con el propio corazón en lugar de resignarte a pensar lo que te dicen». *(Las negritas son mías).*

Nos han inculcado que obedecer siempre es un valor, y desobedecer, una falta de respeto o un acto de rebelión, sin importar lo perjudiciales que sean para nuestra salud mental las indicaciones de la o las personas que pretenden dirigirnos. Sin embargo, y así lo demuestra la vida misma, hay veces en que indisciplinarse ayuda a afirmar la supervivencia física y emocional. Lo que sugiero es una *desobediencia responsable*, que es la que se ejerce cuando estás ante alguien que intenta lastimarte en algún sentido y decides crear resistencia (ver más adelante: «No te traiciones a ti mismo»). El acto de no obedecer que propongo es «responsable» cuando ayuda a tu crecimiento personal y al de los otros, respeta los derechos humanos y no está al servicio de la violencia o de una pataleta. En el momento en que te reafirmas en tu dignidad y la proteges de un modelo de autoridad destructivo, actúas a favor de la vida, de lo que te hace humano.

Algunos ejemplos de mandatos educativos que nos pueden haber instalado y en los que podría aplicarse la desobediencia responsable para hacerles frente son: «Cuando estás con alguien que sabe más que tú, mejor cállate», «Ser manso siempre es una virtud», «Oponerse es una forma de agresión», «Debes caerle bien a todo el mundo», «Resígnate, hay gente que es superior a ti», «La desobediencia nunca está justificada», y cosas por el estilo. Estas consignas navegan muy profundamente en tus neuronas y con el tiempo se afirman como las tablas de la ley. Si quieres revisar todo esto y ponerlo en orden, te sugiero contravenir las enseñanzas que te hacen sentir inferior a otros y pretenden que te inclines ante ciertas personas, haciendo uso de una oposición sensata, valiente y contundente (insisto, sin violar los derechos de nadie).

Para que medites sobre esto

Si nada más obedeces (decir «sí» a todo sin opinar), serás un esclavo. Y si a nada obedeces (decir «no» a todo porque sí), serás un revoltoso que contraviene el orden mental y social reinante (un rebelde sin causa). Una reflexión razonada y razonable te llevará a tomar en consideración si en verdad tus derechos y valía personal están en juego, para actuar en consecuencia. No todo es negociable, tú lo sabes, aunque accedas a cosas a las que no deberías (te recomiendo mi libro de asertividad para evitar que te manipulen: *El derecho a decir no*). Reflexiona sobre esta frase de Dante Alighieri: «La raza humana se encuentra en la mejor situación cuando posee el más alto grado de libertad». Es decir, cuando puedas decir con libertad y a sabiendas: «No lo haré, no estoy de acuerdo, no quiero o me niego porque atenta contra mi persona» o «Lo haré porque quiero, me nace o no tengo objeción», subirás varios peldaños en tu humanidad.

No le temas a la palabra *rebeldía* si se utiliza en un contexto de no violencia, aunque algunos entren en *shock* cuando la escuchan. Si la indignación se activa, te haces fuerte. No es la ira pura y dura de tu lado animal y primitivo, sino una «ira ante la injusticia», una emoción procesada por la razón y exclusivamente humana. Si te «indignas» de verdad, es decir, si afectan a tu «dignidad», el miedo a la figura de autoridad que te ofende se desvanece. La valentía surge como un bálsamo y ocurre algo en tu interior que te lleva a actuar de manera terminante.

Veamos una anécdota personal.

Estaba cursando tercer año de bachillerato en una escuela técnica. Una de las materias más difíciles era Dibujo Técnico y el profesor encargado era poco menos que un ogro. Solía ser despectivo, se burlaba de cada uno de los estudiantes y nos descalificaba de manera ofensiva cuando cometíamos un error. Recuerdo que se pavoneaba recorriendo el salón con una de esas viejas reglas en forma de «T» de madera en el hombro, que utilizaba para señalarnos cuando quería preguntar algo, e incluso nos tocaba con ella de manera amenazante si no sabíamos la respuesta. Una mañana, estando en plena clase, hizo una pregunta y me señaló con su reglón: «¡A ver, Anteojito! ¿Cuál es la respuesta?».

Yo padecía una miopía galopante y mis lentes parecían dos fondos de botella. Desde que iniciamos su curso, empezó a ponernos apodos a cada uno: «Fideo» al que era flaco, «Sancho Panza» al que era obeso, «Anochecer» al que era de piel oscura, y así. Nadie se salvaba. A mí desde el primer día me dijo «Anteojito».

Repitió su llamada porque yo seguía sentado: «A ver, Anteojito, ¿cuál es la respuesta? ¿O es que no me oyes?», dijo acercándose sin quitarme la mirada.

En aquel momento no supe bien lo que me pasaba. Sentí un calor que me subía desde el bajo vientre hasta la garganta. Los latidos de mi corazón parecían salir por mis orejas y sudaba. Pero al mismo tiempo comencé a percibir algo muy básico e instintivo, una forma de oposición a ese personaje abusivo. Ese día, después de haber soportado tantos meses la burla, algo en mí dijo «basta». Si te ha ocurrido alguna vez, sabes a qué me refiero, no es tu cerebro el que responde, sino tu biología más elemental. Después me di cuenta de que aquello que me empujaba no era otra cosa que indignación.

Evidentemente molesto, el hombre volvió a insistir, esta vez con los ojos muy abiertos y la voz encrespada. Entonces me levanté despacio, pero no dije palabra. Me tiritaban hasta las gafas, pero también sabía que esta vez no me iba a dejar menospreciar. Fue cuando, con voz entrecortada, le dije: «Mi nombre... es Walter...».

Todos mis compañeros de clase me miraron sorprendidos. El profe palideció, supongo que de rabia, y tiró la tiza que llevaba en la mano contra el suelo. «¡¿Qué dices?!», vociferó mientras su respiración se aceleraba. Pero no podía detener mi actitud. Volví a repetir lo mismo. Y como si el ofendido fuera él, replicó: «¡Maleducado, atrevido! ¡Esto lo vamos a tener que hablar con el director!». «Me parece bien», le respondí mirándolo a los ojos.

Después de unos segundos de silencio, fue hasta su escritorio, suspendió la clase y me gritó: «¡Usted se queda!».

Ya a solas, me preguntó si tenía problemas familiares, si siempre había sido «así de agresivo» y si no me habían enseñado respeto. Yo me limitaba a responder «no» o «sí» dependiendo del caso. La tortura duró unos veinte minutos, hasta que tomó un papel y me escribió el nombre de un tranquilizante que según él vendían sin receta. Nunca más me dijo «Anteojito» y tampoco me llamó por mi nombre, solo me señalaba y decía: «A ver, tú, ¿cuál es la respuesta?». Mis compañeros no hacían más que preguntarme si yo estaba loco, pero en los corredores hablaban del «italiano» que se había enfrentado al tenebroso profesor.

Si de niño te aplaudían y felicitaban cada vez que acatabas una orden y te retiraban el afecto cuando no obedecías, con seguridad asociaste la desobediencia con la culpa, es decir: «Si me niego a seguir una orden, soy malo y no entro en el club de las buenas personas». O, si te castigaban físicamente, con gritos e insultos cuando no acatabas las órdenes que te daban, habrás asociado la desobediencia con miedo al dolor, es decir: «Si no sigo las instrucciones, me lastimarán, será un tormento». Luego creciste y en el colegio te infundieron el «respeto exagerado a la autoridad» y la «obediencia debida» como virtud. Y así siguió el ciclo educativo. Todas las experiencias que hayas tenido con una autoridad malsana o no constructiva, ya sea familiar o escolar, habrán quedado guardadas en tu memoria, y ahora, cuando te topas con alguien que posee algunas de sus características físicas o psicológicas, te agachas de manera automática. La conducta se ha afianzado con el paso del tiempo y se ha vuelto costumbre, un paradigma contraindicado para tu salud mental. Muchas veces debemos obedecer y es correcto que lo hagamos; sin embargo, hay cuestiones que no se pueden aceptar tan fácil y sumisamente. Esta reflexión de Émile Chartier, «Alain», indica el límite principal: «El espíritu no debe ser jamás sometido a la obediencia». Dicho de otra forma: tu libertad interior, tu esencia, tu ser no debe ser sometido a obediencia porque dejas de ser un sujeto.

Gente insoportable 1: los que se creen una autoridad moral y quieren enseñarte el «camino»

Una paciente me decía: «Le conté a una mujer que mi hijo de quince años me confesó que es gay. En realidad no es mi amiga, pero la conozco desde hace tiempo de la escuela porque es madre de otro niño. Siempre me había parecido alguien amable y muy tranquila, y por eso decidí confiar en ella. Lo que no sabía es que era practicante de un grupo religioso cuyo nombre no recuerdo. Eso fue hace casi un año y no deja de llamarme, aparece en distintos lugares, me entrega folletos y nombres de terapeutas que según ella curan la homosexualidad. El colmo fue cuando me dijo que Andrés, así se llama mi hijo, no se iba a salvar e iría al infierno si yo seguía siendo así de irresponsable. Ya no sé qué hacer...».

¡Un año de persecuciones y proselitismo religioso y mi paciente no sabía qué hacer! Una vez le pregunté: «¿Qué le impide sacársela de encima?». Me respondió: «Es que no sé cómo decirle... Sus intenciones son buenas...». Traté de ser más enfático: «No sé si sus intenciones son buenas, pero su actitud le hace daño. Quiere imponerle su manera de pensar y le induce miedo e inseguridad. Usted nunca ha sido homofóbica y ha aceptado la preferencia sexual de su hijo, no se deje dominar». Me respondió: «Es que ella da a entender que sabe sobre el tema». Entonces comprendí que la cuestión iba por otro lado: «¿No será que usted la ve como una figura de autoridad moral y religiosa? Dejó que poco a poco se fuera metiendo en su cabeza hasta sembrar la duda. ¿Realmente piensa que un conjunto de creencias puede superar el amor y la aceptación incondicional que siente por su hijo?».

Al final hicimos un trabajo de resistencia activa para que la mujer se fuera con su adoctrinamiento a otra parte, pero sobre todo para desmontar la percepción de que se trataba una «autoridad en el tema». Mi paciente logró enfrentarse a ella e incluso la asustó, diciéndole que la invitaba a creer en Satanás. Salió corriendo.

Los que se creen una autoridad moral son aquellos que te señalan a toda hora lo que es correcto e incorrecto. Estas personas suelen pertenecer a una organización o ser simples aficionados de alguna verdad revelada. Gente que parece flotar en lugar de caminar y siempre te recuerdan que eres un simple mortal alejado de la moral o del dios que predican. Cuando te miran, derrochan compasión y parecen darte el pésame: «Vas mal... Cuánto lo siento...». ¡Qué insufribles! ¿Quién les dio el derecho a erigirse en guías morales?

Tienes el derecho a hablar de Dios, de las virtudes o del amor a los demás si se te da la gana, faltaría más, lo inaguantable es que te obliguen a pensar y actuar como ellos creen que deberías hacerlo. Cuando entras en ese juego y les otorgas aunque sea una pizca de credibilidad, hacen lo posible para convencerte y desordenarte. En general ven cosas «peligrosas» por todas partes, incluso donde no las hay. Este cuento me recuerda a algunos de ellos.

"

El fisgón

Cuentan que una señora mayor llamó a la policía con urgencia porque un acosador la miraba por la ventana y le hacía propuestas «indecentes». Los policías al llegar le preguntaron dónde estaba el tal acosador, y ella les dijo: «Suban al altillo, allí hay una silla, súbanse a ella, tomen los prismáticos y miren al frente, y ahí se ve al degenerado».

Gente insoportable 2: los que se consideran «expertos» en algún tema y quieren educarte

Un paciente se lamentaba: «Cada vez que invito a mi mejor amigo a mi casa a una reunión, me siento como si debiera pasar un examen de Literatura. A la mayoría de los otros invitados les pasa igual. Cuando no estás al tanto de la última novedad, te dice con gesto de sorpresa: "¿No lo has leído?". Y si te pregunta qué estás leyendo, siempre te asegura que el libro es muy malo. Además se pasa todo el tiempo hablando de lo mismo». El ego se cuela por cualquier lado. Recordé a un colega que cuando discute sobre algún tema se cita a sí mismo. Le pregunté a mi paciente si había pensado en no invitarlo más, y se le abrieron los ojos: «Pero ¡es mi mejor amigo!», exclamó. Entonces le sugerí: «Hable con él. Dígale la verdad. Hágalo en nombre de la amistad que tienen. De buena manera, a ver qué propone». Fue lo que hizo, pero el escritor rompió relaciones de inmediato con mi paciente y con el grupo. Es la premisa típica de los que se creen especiales: «O todos se adaptan a mi sapiencia o se acaba».

¿Hay algunos expertos rondando tu vida? Si es así, ten cuidado. Hoy nos venden especialistas de todo tipo. En economía, sexualidad, psicología, política, música, historia de los dinosaurios, tuberías galvanizadas, en fin, gente que sabe tanto de una cosa que no necesita saber de nada más. Es como ir donde un médico que se ha recontraespecializado en algún órgano o sistema fisiológico y, por alguna razón inexplicable, se olvidó de todo lo que aprendió de medicina. Y si le preguntas por una dolencia distinta a la de su especialización, te manda a otro como él, versado en el área correspondiente.

Los expertos son importantes y hacen falta para profundizar en el conocimiento en determinada área, pero cuando exageran y te restriegan su pericia, se vuelven demasiado pesados. Supongo que te habrá pasado alguna vez que su sola presencia te inhibe y no eres capaz de ser como te gustaría. Supongamos, por ejemplo, que estás con un grupo de amigos donde hay un genio en política internacional. En un momento dado, cuando hablan de Trump, tu opinión de neófito y bastante fuera de lugar es que el pelo del hombre se parece a una fregona y su color zanahoria es ridículo. Pero también tienes claro que es homofóbico, racista y machista. Mientras piensas eso, el perito se mete por los vericuetos de la historia y no le entiendes un rábano (la mayoría tampoco), pero ¿cómo interrumpir su derroche de sapiencia con una apreciación tan superficial como la del peinado de Trump? Entonces pones cara de estupor por su discurso sesudo e inescrutable. Asientes a todo y, sin darte cuenta, terminas en una actitud de reverencia. Por eso luego, cada vez que estás con él, evitas hablar de política, ya que «el hombre es el que sabe». Habrás creado una figura de autoridad.

Suma a esto todos los temas posibles en los que podrías encontrarte con alguien similar. Si estás en una reunión «culta», siempre habrá algunos que sin decírtelo te mandan callar. Soñemos juntos. Imagínate que en una de esas tertulias de «sabiondos» en la que el presidente de Estados Unidos es el tema, decideras subirte encima de la mesa y, como si fueras Mafalda, gritar: «¡Odio el pelo de este idiota, odio su pinta de zanahoria, odio cómo piensa y cómo se viste! ¡Y ya!». Fantasea con que después vuelves a tu lugar, te sientas, los miras y dices: «¿Por dónde ibas?». No sé qué pasaría, pero te aseguro que no faltará quien se ofenda porque «le quitaste profundidad al discurso». Y, sin embargo, habrás ejercido el derecho a manifestar tu opinión; después de todo, estás en una reunión social y no en un congreso internacional o violando el protocolo de una reunión del G7.

Gente insoportable 3: los que se sienten superiores a los demás porque tienen dinero y se empeñan en mantener la distancia

No hay nada malo en tener dinero, el problema se presenta, como decía Séneca, cuando «el dinero te tiene a ti», es decir, pensar que uno vale por lo que posee y no por lo que es. Si pones tu valía personal en los bienes, te identificarás con un bolso de marca, un automóvil o las inversiones. La persona que piensa de esta manera tenderá a menospreciar al que tiene menos que ella y estará convencida de que merece más privilegios por ser quien es. Suena enfermizo, pero es así. Es el modelo de autoridad económico.

Existe una jerarquía económica que impregna toda la sociedad y, aunque no quieras, te ubican en alguna parte de ella (otra cosa es que tú lo aceptes y asumas la clasificación). Someterse al precepto «tú vales por lo que tienes» te hará perder el norte: empezarás a compararte con los demás y tratarás de escalar posiciones desesperadamente. Por el contrario, si consideras que el «ser» es mucho más que el «tener», no te importará lo pudiente que sea una persona a la hora de relacionarte con ella.

El poder que otorga el dinero es una máquina de generar figuras de autoridad, especialmente asociadas a las tres «p» que dijimos antes: poder, prestigio y posición. ¿Por qué son nocivas para tu bienestar emocional? Porque si creas la *necesidad* de cualquiera de estas «p», dejarás a un lado lo que en verdad eres para centrarte exclusivamente en tus logros materiales o en los cumplidos. La tríada mencionada te arrastra a ver supremacía donde no la hay, a confundir los valores y a crear apego al dinero. En la película *Wall Street 2: el dinero nunca duerme*, un joven le pregunta a un millonario cuáles son sus límites. El hombre se queda pensando, esboza una sonrisa y le responde: «Más».

Las relaciones que se establecen con gente que se siente especial por tener dinero son muy complejas y difíciles de sobrellevar. Veamos algunas posibilidades, reflejadas en tres casos:

Caso 1: no hay «jerarquía» en la amistad

Algunos creen que el bolsillo otorga un sello de distinción que los demás deben respetar. Tuve un amigo adinerado que había logrado su fortuna en el área de la construcción. Yo vengo de una familia humilde y desde joven luché por salir adelante, mejorar mi nivel de vida y obtener cierta estabilidad económica. Así trabajé de cartero, de vendedor de libros puerta a puerta, de tornero, en fin, de lo que saliera. Mi amigo me había conocido cuando hacía los esfuerzos más grandes para poder estudiar mi carrera y, obviamente, conocía toda mi historia.

Después de mucho trabajar, saqué mi título de psicólogo y, a medida que empecé a progresar, me di cuenta de que había cosas que a él parecían molestarlo. Por ejemplo, cuando en cierta ocasión inscribí a mis hijas en un colegio bilingüe de buen nivel o hice unos arreglos en mi apartamento, me dijo a manera de consejo que tuviera cuidado, que me estaba comportando como un «nuevo rico». Esto se repitió en muchas ocasiones. Pero si era él quien obtenía algún logro o beneficio, era natural, de cuna o lo normal para un «viejo rico».

Nunca aceptó que yo pudiera salir adelante con la alegría sincera de un amigo, quizás porque yo me estaba metiendo en un área donde se consideraba «superior» respecto a mí: la económica. No fue capaz de verme de igual a igual, ni yo consentí aceptar una relación en la cual debía «mantener las distancias» respecto a una categoría social. Las amistades se eligen y se construyen con ilusión, pero si las cosas no van bien, es mejor cortarlas por lo sano.

Caso 2: cuando alguien cree que todos los demás son sus «empleados»

También están aquellos individuos en los que el ego se desborda y el dominio que despliegan sobre empleados y subalternos lo hacen extensivo a la mayoría de los mortales. Este fenómeno de «autoridad generalizada» es más frecuente de lo que uno puede imaginarse. Una paciente me decía: «Mi cuñado es un reconocido empresario acostumbrado a manejar millones de dólares y a cientos de personas. Yo lo respeto y lo quiero, pero no es fácil estar con él. Casi siempre, y no sé si lo hace sin darse cuenta o a propósito, trata a los demás como si fueran sus empleados: impone, ordena y regaña. Todo tiene que hacerse como él quiere. Y lo más absurdo es que ya me da miedo que se enfade, así que le hago caso... No sé, pasó a ser alguien que me controla». Después de algunas citas, logró salir del dominio del cuñado. Aprendió a reconocer lo no negociable y comenzó a «desobedecerle» y a decirle «no» a cualquier intento de manipulación. El resultado fue que el hombre empezó a relacionarse adecuadamente con mi paciente, aunque con los demás siguió siendo el mismo. Como dice el refrán: «El mono sabe a qué palo trepa».

Repito: hay personas que, de tanto ejercer la autoridad en su trabajo, esta se les pega como un germen y lo llevan encima a todas partes. Si te encuentras con uno de estos personajes, recuérdale que no trabajas para él. Verás la cara de angustia que pone porque no puede «echarte del trabajo». Disfrútalo.

Caso 3: cuando el poder del dinero
te quita amor y humanidad

Finalmente, el poder que otorga el dinero puede secuestrar la autonomía de alguien. Un paciente de sesenta y cinco años llegó a mi cita bastante abatido. Venía a mi consulta porque tenía problemas de sueño y migrañas, y además manifestaba una depresión que iba en aumento. Se veía mucho más avejentado y tenía pensamientos negativos de minusvalía, en sus palabras: «Soy un fracasado».

Había contraído matrimonio hacía treinta años en segundas nupcias. Era escultor y, si bien sus obras habían tenido cierta aceptación en el mercado del arte, ya no eran tan reconocidas, por lo que el hombre solo lograba vender alguna de vez en cuando. Lo que más agravaba la cuestión era la relación que mantenía con su esposa actual. La mujer había recibido una herencia cuantiosa y, de un momento a otro, modificaron su estilo de vida de manera radical. Ella dejó su trabajo, compró un enorme y lujoso apartamento, cambió de automóvil, adquirió la acción del club al que siempre había querido ir y se dedicó a administrar su herencia. Al poco tiempo, aunque habían tenido una buena relación, empezaron las dificultades entre ellos.

Un día la mujer le dijo: «Bueno, tenemos que hacer cuentas para ver lo que aporta cada uno». Mi paciente solo atinó a decirle: «Pero tú sabes cuál es mi situación». La mujer le respondió: «Hagamos una cosa, te compro tu automóvil y con eso cubres un año. No te preocupes, yo te lo prestaré cada vez que lo necesites». Así se hizo. En otra ocasión le propuso: «Como no tienes jubilación, yo te pago un sueldo equivalente, pero me ayudas en las cosas que debo hacer». De esta manera, la esposa fue convirtiendo a su esposo en un empleado. Era su chófer, el que llevaba su agenda y el encargado de las compras. Nunca lo hacía participar en las decisiones importantes. También lo empezó a tratar de una manera poco considerada, con «llamadas de atención» y amenazas de despido.

Tuve algunas pocas citas con él y, cuando íbamos a comenzar a trabajar los temas de cómo hacerse respetar y perder el miedo a contradecir a la mujer, un día me informaron de que había muerto de un infarto, de manera repentina. No es un final feliz.

Frente a la esclavitud de cualquier tipo, tendemos a pensar que solo hay dos posibilidades: te entregas o peleas. Pero hay otra opción, y es la que asumen algunos pájaros cuando los encierran en una jaula: no comen, no beben, no trinan, prefieren morir o simplemente no les interesa vivir sin volar. Siempre he visto en la respuesta de estas aves encarceladas más un acto de protesta que de indefensión. Quiero recordar a mi paciente como uno de esos pájaros que, cuando los sacan de su medio natural, prefieren irse para siempre.

Para que medites sobre esto

Cuando descubres y comprendes que no eres inferior a nadie, los que se sentían por encima caen como piedras. *La gente se agranda porque existen los que se achican.*

Quítale potestad al mandamás, es un ser humano como tú

Una vez escuché en un avión a una mujer decirle a su hija, de unos diez años: «Siempre debes caerle bien a la gente importante. Muéstrate ante ellos feliz y cordial. Sonríe todo el tiempo y podrás lograr lo que quieras. Así que arréglate y péinate». La niña lo primero que hizo fue sonreír de oreja a oreja y la madre la estrechó contra su cuerpo. Yo pensé: «Una futura paciente». Enseñarle a un niño o a una niña que debe agradarle a la «gente importante» producirá en ellos una mezcla de fascinación por el poder y necesidad de aprobación crónica. Doble enganche, doble genuflexión.

El «aplastamiento emocional» que produce un mandamás con delirio de grandeza puede disminuirse, si no tienes más remedio que seguir allí. Una de las mejores maneras de vencer la ansiedad que genera alguien poderoso sobre uno es aproximarse a él, pero de manera disimulada y con imaginación. El «amo» no necesita darse cuenta, ya que el fin no es «vencerlo», sino acabar con la intimidación que genera sobre ti su presencia. Veamos esto con detalle.

──────── **Ejercicio: Invasión territorial** ────────

Métete en el territorio psicológico de la persona que te inhibe y te infunde un respeto exagerado que a veces parece más una mezcla de terror y veneración. Primero, trata de aproximarte cuando interactúes con ella. La mayoría de los individuos tenemos un territorio circular de unos cincuenta centímetros de seguridad personal a nuestro alrededor. Traspasa ese límite con delicadeza y despacio, poco a poco. Cuando la saludes, le des la mano o converses con ella, hazlo en lo posible dentro de ese espacio y tendrás tu primera victoria: retrocederá psicológicamente y echará su cuerpo hacia atrás. O sea, descubrirás que ese ser «todo-poderoso» se incomoda como cualquier otro ser humano. Segundo, cuando te dirijas al mandamás usa un buen tono de voz (no hables bajito), trata de evitar los circunloquios, míralo a los ojos y que tu postura no indique subordinación de tu parte. Mantente erguido. A veces nos inclinamos sin darnos cuenta ante alguien poderoso, con prestigio o posición social. Quizá sea una reminiscencia de nuestros parientes cercanos los chimpancés. Tercero, cuando lo mires a los ojos, juega con tu imaginación: humanízalo y tráelo a la tierra. Piensa que él transpira y que, al hacerlo, huele mal. Piensa que va al baño y defeca como cualquiera, con todas las consecuencias. Piensa, como decía el emperador Marco Aurelio, que su cuerpo es una bolsa de un menjunje de órganos, sangre, grasa y otras cosas poco agradables. Ten en cuenta que se asusta, que llora y que busca agradar a sus superiores (siempre hay alguien por encima del que está arriba). Trata de verlo en su casa, con su pareja, sus hijos y sus padres teniendo una vida como la de cualquiera, vistiéndose y desvistiéndose, comiendo con la boca abierta o cerrada. Cuarto: a veces un toque de fina coquetería ayuda. Por ejemplo, sacudirle el polvo (o la caspa) de los hombros, sacarle un pelo o algún hilo de la solapa, ayudarlo a bajar o a subir una escalera o señalarle un error con una sonrisa comprensiva. En fin: inúndate del otro, sin que se dé cuenta. «Falta al respeto», en un buen sentido, a su estampa y a esa magnificencia que le atribuyes y solo está en tu cabeza.

Veamos un caso en el que queda claro que oponerse a un mandamás al cual has estado sometido durante mucho tiempo no es nada fácil, aunque vale la pena intentarlo.

Una paciente médica, recién graduada, me consultó porque se hallaba en un conflicto que no era capaz de resolver. Cierta vez llevó su automóvil a un taller mecánico y la atendió un joven muy guapo con el que inició una amistad. Un año después ya eran pareja, pero con un agravante: sus padres no aprobaban la relación. Consecuentes con esta posición, iniciaron una serie de estrategias de asilamiento: no contaban con el «novio» para ninguna de los programas familiares. Mi paciente un día se les enfrentó, y ellos fueron muy sinceros. Le explicaron que el pretendiente no era de su clase social, que se notaban las diferencias (hicieron referencia a sus modales y a la manera de vestir), y su madre agregó que el muchacho era un poco «oscuro». Le explicaron, además, que temían que ella dejara de ir a Harvard a estudiar una especialización por estar con él. Hubo una discusión fuerte y acalorada; sin embargo, las cosas no cambiaron y el «cordón sanitario» alrededor del pretendiente no se modificó. En una consulta, ella y yo tuvimos la siguiente conversación:

- **Paciente (P.):** Siento rabia. Yo lo quiero de verdad...
- **Terapeuta (T.):** ¿La opinión de tus padres es muy importante para ti?
- **P.:** Siempre les he complacido.
- **T.:** Se ve que tienen muchas expectativas puestas en ti.
- **P.:** Él es neurólogo y quiere que siga sus pasos.
- **T.:** ¿Eso es lo que quieres?

- **P.:** Me gusta más la pediatría, pero no se lo he dicho.
- **T.:** ¿Tú observas las mismas «diferencias» que ven ellos entre tú y tu pareja? Independientemente del amor que sientas.
- **P.:** No lo había pensado hasta ahora.
- **T.:** ¿Quién influye más sobre ti, a quién «respetas» más en tu casa?
- **P.:** A mi padre... Soy la niña de sus ojos.
- **T.:** ¿Lo admiras?
- **P.:** Mucho
- **T.:** ¿Le temes?
- **P.:** Sí, también... Siempre ha tenido un carácter fuerte y muy estricto. Bueno..., además no quiero defraudarlo.
- **T.:** ¿Te cuesta llevarle la contraria?
- **P.:** No suelo hacerlo porque por lo general coincidimos.
- **T.:** ¿Coinciden o lo complaces?
- **P.:** Ambas cosas.
- **T.:** ¿Este es el primer enfrentamiento fuerte en el cual no accedes a sus peticiones?
- **P.:** Así es...
- **T.:** ¿Qué quieres hacer?
- **P.:** Que ellos lo acepten.
- **T.:** No depende de ti... ¿Qué harás si no lo aceptan? Debes tratar de tomar esta decisión por ti misma, sin influencias y asumiendo las consecuencias... ¿Comprendes lo que esto significa?
- **P.:** Sí, creo que sí...
- **T.:** Te propongo que nos dediquemos a este tema en algunas sesiones.

¡Qué complicado es oponerse a unos padres cuando la obediencia ciega fue la regla durante años! Necesitarás su visto bueno para cualquier cosa importante que quieras hacer. La ayuda terapéutica se basó en dos cuestiones: desarrollar en ella una capacidad que nunca había puesto en práctica, «desobedecer» a sus padres (pese al miedo) y entender que su visión del mundo no tenía por qué ser como la de ellos. A medida que avanzamos en la terapia, el amor entre ella y su novio se consolidó de manera significativa. Finalmente se casaron, se fueron a vivir a otra ciudad y tuvieron una niña. Según me enteré, después de cuatro años, el padre aún no la había «perdonado» por haberse casado con un hombre que a él no le gustaba. No supe más de ella. Su amor pudo más que el clasismo y el racismo. Un triunfo para festejar.

No te traiciones a ti mismo

Se trata de no ir en contra de tus creencias más sentidas, es decir: tu conciencia. Si algo se opone a esas ideas fundamentales que te definen como individuo, siempre tendrás la posibilidad de «objetar» (impugnar, rebatir, resistir). Ejemplos hay muchos y variados a lo largo de la historia y en diversos contextos culturales: no alistarse en el servicio militar por estar en contra de la guerra o las armas, negarse a realizar un aborto por motivos morales, no saludar a la bandera por considerarlo un acto de idolatría según determinada creencia religiosa, solo por citar unos pocos. Lo que se persigue con esta oposición no es cambiar la norma, como sería el objetivo de la desobediencia civil, sino negarse a cumplirla porque entra en conflicto con determinados aspectos éticos personales: lo que se conoce como *objeción de conciencia*.

Para que medites sobre esto

Por si no lo sabías: según lo reconocen las Naciones Unidas en el artículo 18 de su Declaración Universal de Derechos Humanos, tienes el «derecho a la libertad de pensamiento, de conciencia y de religión». Si te tomas esto en serio, la pregunta es: ¿por qué diablos te molesta que la gente no apruebe tus convicciones, si no necesitas el visto bueno de nadie para tenerlas?

Te recomiendo una película titulada *Hasta el último hombre*, que trata sobre la historia real de un soldado cristiano adventista del Séptimo Día, Desmond Thomas Doss, que se negó a portar armas en plena Segunda Guerra Mundial. Lo extraordinario es que, sin tocar un fusil, salvó la vida de sesenta y cuatro hombres bajo el fuego enemigo en la guerra de Okinawa.

Existe una conciencia que es opresora, impuesta por el aprendizaje social tradicional y que intenta gobernarte desde dentro. ¿Cómo lo hicieron? Te instalaron un programa de supervisión sobre los valores y los asumiste como tuyos. Sin embargo, en ti también se mueve y respira otra conciencia, más libre y menos contaminada. Una manera de ver la realidad que no está enganchada a los premios y las sanciones externas, sino a un proceso personal de selección racional. Cuando eras niño o niña, tragabas con todo, no tenías las estructuras cognitivas que te permitían disentir, pero ya las tienes. No creas a los que te dicen que estar en desacuerdo es poco más que un pecado.

Busca en tu interior, en ese reducto donde descansan las creencias que han sido resultado de las buenas enseñanzas, y reafírmalas. Al mismo tiempo quítate de encima aquellas que te limitan y generan culpa por casi todo lo que haces y piensas: mándalas a la papelera de reciclaje. Dirás que no siempre es posible hacerlo. Y es verdad, a veces hay costos difíciles de asumir o el arraigo a esas maneras de pensar es muy fuerte. Pero vale la pena intentarlo si no quieres arrepentirte luego por haberte traicionado a ti mismo.

Veamos un caso.

Uno de mis pacientes había consentido ser «espía» de su jefe en el trabajo. Le prometieron un ascenso y más dinero si llevaba información a la directiva sobre quiénes tenían «poca pertenencia a la empresa» y creaban un «mal ambiente laboral». El hombre aceptó, pero rápidamente apareció una contradicción moral muy difícil de manejar: por un lado pensaba que debía responder económicamente por su esposa e hijos y por el otro sentía que era un traidor llevando y trayendo información. Este desajuste entre mente y emoción se hizo cada vez más insoportable y, al poco tiempo, un cuadro depresivo empeoró las cosas. En semejante situación, decidí introducir en el tratamiento algunas lecturas de Epícteto. Una frase en especial llamó su atención y dio pie a que pudiéramos confrontar el problema desde una perspectiva ética. La filosofía casi nunca brinda soluciones concretas, pero abre puertas que con-

ducen a nuevas formas de ver el problema. La frase de
Epícteto fue la siguiente:

> Eres tú quien debe examinar lo que es digno de ti, no yo.
> Eres tú quien se conoce a sí mismo, quien sabe cuánto va-
> les para ti mismo y por cuánto te vendes: cada uno se ven-
> de a un precio.

En una consulta hablamos al respecto.

— **Paciente (P.):** Me impactó lo de «cuánto vales».
  Nunca había pensado en esto... ¿Usted tiene precio?
— **Terapeuta (T.):** Posiblemente sí, aunque no me he
  visto obligado a saberlo.
— **P.:** ¿Eso no es malo?
— **T.:** ¿El qué?
— **P.:** Lo de tener un precio.
— **T.:** Creo que lo peligroso pasa por otro lado. Alguna
  vez leí que un ministro, no me acuerdo la
  nacionalidad, dejó su cargo diciendo: «Renuncio
  porque se están acercando a mi precio». Es una
  muestra de gran honestidad porque no se deja
  comprar y al mismo tiempo reconoce que tiene un
  precio. Quizá la conservación de los principios esté
  más en no dejarse comprar que en no tener precio.
— **P.:** Pero se trata de mi familia... Buscar otro
  empleo... Dios...
— **T.:** Habla con ellos, diles la verdad, cómo te sientes y
  a ver qué te dicen.
— **P.:** Pero... ¿no debería resolver la cuestión yo solo?
— **T.:** ¿Por qué? Si ellos te quieren, querrán participar.

A medida que avanzó la terapia, descubrió algo que a simple vista puede parecer elemental, pero que mi paciente no había asimilado correctamente: su familia prefería pasar necesidades a verlo envuelto en hechos de corrupción moral; prefería comer menos a verlo sufrir; prefería trabajar más y verlo sonreír con la cabeza en alto; en fin, quería que «no se vendiera». A medida que avanzaba el proceso terapéutico se hizo más consciente de cuál era el estilo de vida que quería llevar y cuáles los principios que no debía ceder. Finalmente, no lo echaron de la empresa, renunció y salió por la puerta grande. Hoy trabaja por su cuenta. A la reflexión de Epícteto yo agregaría una más: *si no eres capaz de no tener precio, ponlo tan alto que nunca pueda alcanzarlo nadie.* Mientras tanto, déjate llevar por tus convicciones más profundas, aliméntalas y practícalas.

Para que medites sobre esto

Un valor o un principio, cuando son verdaderos, es imposible negociarlos o hacerlos a un lado porque es tu esencia la que se opone. Los valores *son motivaciones esenciales, intereses radicales y extremos, que irremediablemente nos impulsan a comportarnos en concordancia con ellos y a defenderlos.* Ellos tiran de tu humanidad y te dicen a rajatabla: «¡Oye! ¿Es que no me escuchas? ¡Estamos aquí!».

Nadie puede afectar a tu libertad interior si no lo permites

Quiero volver a insistir en un punto y ampliarlo: *existe una libertad interior que te pertenece, que ocurre en el espacio reducido y exclusivo de tu intimidad, donde nadie tiene entrada salvo tú.* Es el dolor de cabeza de los medios de control y los poderes fácticos, porque les encantaría ejercer de policía del pensamiento. Pero hagan lo que hagan, a esa «ciudadela interior» no podrán llegar si no les abres la puerta. Sencillamente nunca sabrán qué pasa allí, debido a que en ese último recoveco de tu mente, esa libertad interior nunca podrá ser sometida. Te interrogarán mediante encuestas de todo tipo, te subirán al estrado psicológico de los inquisidores de turno, tratarán de leerte por fuera e interpretarte, pero tú tienes la última palabra, el sí o no definitivo. Cuando se trate de tu libertad interior, no tienes por qué decir lo que piensas ni revelar tus sentimientos: la verdad será la que tú quieres que se sepa. Es tu secreto de sumario: en ese lugar no hay obediencia que valga, salvo la obediencia a uno mismo.

——Ejercicio: Hay cosas que solo dependen —— de ti, no importa lo que digan

Anthony de Mello, en uno de sus relatos breves, describe de una manera elocuente cómo hay cosas que no te pueden exigir por la fuerza, simplemente porque dependen *exclusivamente* de ti. Léelo con cuidado y profundiza en ello. Escribe cada una de las frases en una libreta y llévala contigo un tiempo para que reflexiones en ellas. Trata de buscar cómo podría o no ocurrir lo que allí se dice. Si lo piensas bien, encontrarás con seguridad que alguna vez fuiste víctima de estas imposiciones. En esos días que te quedes con la frase, busca en tu memoria si alguna vez disimulaste para hacerle creer al otro que seguías sus órdenes, no importa la edad. Nadie puede hacerte sentir algo que no sientes, si no te da la gana. El relato dice:

Pueden obligarte a comer,
pero no pueden obligarte a sentir hambre;

pueden obligarte a acostarte en una cama,
pero no pueden obligarte a dormir;

pueden obligarte a elogiar a una persona,
pero no pueden obligarte a sentir admiración por ella;

pueden obligarte a que le cuentes un secreto a alguien,
pero no pueden obligarte a sentir confianza;

pueden obligarte a que le sirvas a un sujeto,
pero no pueden obligarte a que lo ames.

Ese mundo emocional particularizado te pertenece. Son representaciones de pensamientos mezclados con sentimientos, que a veces dirigen tu conducta con una fuerza increíble. Allí es donde apuntan los medios de comunicación, el *marketing* y la propaganda. Pretenden activar esas emociones vitales para que obres de manera impulsiva y te sientas feliz de hacerlo. Pero toda emoción, a excepción de algunas pocas que son heredadas, está enganchada a lo cognitivo. Es decir, hay un lugar para la voluntad. Por ahora, las mejores estrategias que conocemos para hacer frente a los *big data* y los algoritmos son: mantener una atención despierta sobre uno mismo y hacer uso de un pensamiento altamente crítico.

La premisa: *si tienes el punto de control interno en pleno funcionamiento, la autodirección de tu conducta se incrementará sustancialmente, los vientos no serán tan determinantes a la hora de definir la travesía.* Una mente empoderada, irreverente, consciente de su singularidad, desobediente e inconformista (librepensadora) será mucho, muchísimo más difícil de convencer. Como verás en el próximo apartado, intentarán arrastrarte de todas las maneras posibles y masificarte, pero si posees un autoconocimiento sólido y una personalidad/individualidad bien estructuradas, la seducción no encontrará cabida.

De todo lo anterior puede sacarse una conclusión fundamental para la integridad de tu individualidad: *vive según las leyes que dicta tu conciencia.* El poeta Arturo Graf decía: «Si no tienes la libertad interior, ¿qué otra libertad podrás tener?». Cuánta razón tenía.

Las consecuencias negativas de la obediencia ciega

Como ya se ha dicho, existe un número considerable de figuras o modelos de autoridad, promocionados por la cultura, cuyas indicaciones se espera que sigamos sin rechistar. Esto se conoce en psicología social como *sesgo de autoridad.*

En el año 1961, en la Universidad de Yale, el psicólogo Stanley Milgram realizó un experimento sobre las relaciones entre autoridad y obediencia. Su hallazgo fue impactante y sorpresivo, lo que hizo que se replicara en distintas partes del mundo con resultados prácticamente iguales. Se pidió a unos sujetos que le dieran choques eléctricos a otra persona que se encontraba en una habitación contigua mientras respondía unas preguntas. Se les dijo que se investigaba cómo influía el castigo en el aprendizaje. En realidad los choques eléctricos eran simulados (no reales), cosa que no sabían los sujetos de investigación. Con cada error tenían que incrementar la intensidad de las descargas, que iban desde una baja intensidad hasta cuatrocientos veinte voltios, señalizada esta como muy peligrosa. A partir de cierto nivel de corriente, la persona supuestamente electrocutada (que en realidad era un actor), gritaba y suplicaba que acabaran con el experimento porque sufría del corazón. Muchos de los individuos que aplicaban el supuesto estímulo aversivo se incomodaban o estresaban cuando oían gemir a la otra persona y solicitaban interrumpir el estudio. El director encargado, vestido con bata gris, se limitaba a decirles: «Por favor, continúe», «El experimento exige que usted continúe», «No tiene usted otra opción, debe seguir adelante».

¿Qué hubieras hecho tú: obedecer y continuar o negarte y salir del laboratorio?

Pues la mayoría obedeció. Un 63% llegó al máximo voltaje, debajo del cual había tres grandes «X» y se podía leer: «Altamente peligroso». Recuerda que los sujetos no sabían que todo era un truco, ¡pensaban que en realidad estaban aplicando choques eléctricos! Habían obedecido al doctor Milgram, una autoridad en la materia, amparado además por la Universidad de Yale.

Los pronósticos antes de que se llevara a cabo la investigación eran que los «castigadores» desobedecerían a las indicaciones de continuar a partir de más o menos ciento treinta voltios, y también que solo uno por mil llegaría a los cuatrocientos veinte y sería porque eran sádicos. No fue así. /

Parece que un número considerable de personas son capaces de obedecer y lastimar a otros si una figura de autoridad/prestigio significativo para ellas se lo solicita. En las encuestas que se suelen aplicar antes del experimento, sobre lo que haría cada uno frente a la orden de seguir adelante pese al dolor provocado a alguien, casi todos los entrevistados afirmaron que se hubieran retirado inmediatamente, pero en la práctica el resultado es consistente y contrario a las «buenas intenciones» de la gente: la mayoría siguió aplicando los choques.

En España se replicó la investigación en los años ochenta y se obtuvo una tasa de obediencia a la autoridad del 90%. Y cincuenta años después del primer experimento, se repitió en Polonia con el mismo resultado que en España.

Si quieres, podrías ver una película al respecto en Netflix titulada: *Experimenter: la historia de Stanley Milgram*, en la que se muestran los tejemanejes de lo ocurrido. No esperes encontrar una gran cinta, pero te brindará información del experimento que quizá te sirva.

PARTE III

NO TIENES QUE SER COMO LA MAYORÍA: DEFIENDE Y REAFIRMA TU SINGULARIDAD

Si todos tirásemos en la misma dirección, el mundo volcaría.

Proverbio judío

Más allá de la muchedumbre, estás tú en estado puro, sin máscaras y fiel a tu naturaleza, a *la individualidad que te singulariza y diferencia de los demás*. La vida, como decía Spinoza, «persevera en su ser», y si lo aplicas a tu persona, dirás que *persevera en tu ser*. Ella se empecina en que seas tú mismo, siempre y sin excusas.

En la sociedad, una multitud de gente se ha fusionado con el resto creando una especie de espíritu de colmena, en la que se privilegia lo impersonal y lo uniforme. Lo «distinto» se excluye por decreto y es visto como sospechoso, incómodo o invasivo. Si tu camino no va a Roma, dirán que eres un rarito, un loco o un antisistema, así hayas tirado la ideología por la ventana hace años.

La cultura, por todos los medios posibles, utiliza su propaganda y te sugiere: «Ven, pégate al rebaño y sé como la mayoría. No te separes de la cofradía universal y de la protección que te ofrecemos». El problema es que, si borras tus señas de identidad psicológica y emocional, dejas de existir como individuo y pasarás a ser un dato estadístico. Aun así, se te insiste, como un mantra hipnótico y sectario, el mensaje va penetrando: «No habrá sanciones sociales y ya no estarás solo: recuerda que la unidad hace la fuerza».

La pregunta es: ¿prefieres estar uniformado o diferenciado? La disyuntiva no es como nos la vendieron: «O estás inmerso *totalmente* en la sociedad o estás en *contra* de ella y los demás». Hay una tercera vía: «Participo de la vida social e incluso colaboro con el bien común, pero siendo YO». Así, con mayúsculas. Estar con tus semejantes, pero sin olvidarte de ti. No eres más importante que nadie, pero tampoco menos. Habrá cosas en que coincidas con la mayoría, y otras en que no, pero serás tú quien elija y decida sobre sí mismo.

Para que medites sobre esto

¿Eres una persona autónoma o que intenta serlo? Analicemos la definición de *autonomía* que ofrece un reconocido diccionario, a ver si te llega: «Facultad de la persona o la entidad que puede obrar según su criterio, con independencia de la opinión o el deseo de otros». No te distraigas. Léelo de nuevo. La clave es la palabra *independencia*. Nada más ni nada menos: independencia para expresar tu particularidad y lo que eres en verdad. Y también hace referencia a la influencia de los demás: ¡que la opinión de los otros y el qué dirán no te hagan ni cosquillas! Por otra parte, para que también lo tengas en cuenta, la palabra *heteronomía*, su antónimo, significa estar sometido a un poder externo, por lo general uno que te envuelve para que pienses en bloque con los otros.

Pégate a lo más genuino de ti. Esta frase que se le atribuye a Epicuro es categórica e inspiradora: «Rico entre los hombres es aquel que se basta a sí mismo». Bastarte a ti mismo es asumir la responsabilidad de manejar tu vida con entereza y sin excusas. La riqueza está en no depender innecesariamente de nada ni de nadie. Como dije antes: la autosuficiencia del sabio.

Antes de entrar de lleno a la tercera parte, te sugiero que, como una manera de sintetizar mucho de lo que dijimos hasta ahora, leas el siguiente manifiesto de autoafirmación. Si no te gusta, invéntate uno y, si crees que te representa, llévalo contigo y repásalo cuando sientas que te están robando tu singularidad.

"

Manifiesto de autoafirmación

Quiero vivir mi vida. Esta vida mía, privada, íntima, personal. Quiero poner a funcionar mis sueños y regirme por mis gustos, mis ideas y mis inclinaciones, respetando la individualidad de los demás y sin autodestruirme en ello. Me esforzaré por afirmar los valores, los sentimientos y las sensibilidades que me caracterizan. No me enredaré pensando en lo que haría si fuera otra persona, ni esperando que la mayoría valide y apruebe quien soy. Cada cosa que decida modificar o criticar en mí, lo haré con cariño, sin maltratar a mi persona, sin castigarme. Tengo claro que en el maremágnum de mi existencia, ser único e irrepetible no me otorga ni una pizca de grandiosidad. La dicha no está en llegar a ser un narcisista enfermizo, sino en poder activar mi potencial y esta exclusividad que siento cada vez que respiro.

Estaré viviendo en sociedad, pero sin renunciar a mis criterios personales. Me opondré a cualquier intento de anular el derecho a ser como soy, y a seguir mansamente a los que intentan moldear y amaestrar mi mente. No me asustará lo diferente y no me seducirá el marketing de lo igualitario. Seré resistente ante cualquier tipo de persuasión social para que no me arrastre hacia donde ella quiera. <u>Yo guiaré mi conducta, aunque se enfurezcan los controladores de siempre. Jamás negociaré la capacidad de pensar por mí mismo.</u>

EJERCICIOS Y RECOMENDACIONES PARA ASEGURAR Y DEFENDER TU SINGULARIDAD

El arte de ser una oveja negra

Una oveja negra es aquella que se sale del molde y no sigue al tropel. De un momento a otro, de manera inesperada, se descarría, se mete por un sendero que no estaba programado por el pastor. El mayoral le grita y levanta el garrote, el perro salta y ladra a su alrededor, pero ella parece decidida. Hay una ruptura con la manada, con sus congéneres y con la norma que ha regulado hasta ese momento la conducción del grupo; se desvía, se dirige a sí misma. Sigue siendo una oveja, pero una singular y distinta a las demás, porque rompe la costumbre y se sale de las reglas.

Si la oveja «negra» persiste en su propósito, porque el instinto de libertad que posee es muy fuerte, se convertirá en una piedra en el zapato del pastor, quien tendrá que perseguirla y ponerla en cintura.

Si la cuestión sigue, estará claro que la «perturbada» se ha rebelado, no sigue órdenes, y que los métodos que funcionan para mantener controladas a las demás no sirven con ella. El animal parece haber creado un nuevo marco de referencia que lo empuja a insistir en vivir de otra manera. No obstante, como suele ocurrir, es atrapada y la llevan con el grupo al encierro. Una vez allí, las compañeras la miran impávidas, como diciendo: «¿Qué le ha pasado a esta loca?». La oveja negra está agitada, mira más allá del corral, y piensa: «No lo logré, pero valió la pena intentarlo».

Una poesía del poeta francés Paul Fort, que he citado en otras ocasiones y que viene al caso, reafirma esa idea básica de libertad:

La rosa libre de los montes saltó de júbilo esta
noche y las rosas
de los jardines y el campo dijeron a voces:
«Saltemos las rejas, hermanas, saltemos y
huyamos veloces, más que
el agua del jardinero valen las nieblas de los bosques».
En esta noche de verano vi en todas las rutas pasar
a las rosas de los jardines tras una rosa en libertad...

¿Cómo no tomar partido por la oveja y las rosas que quieren andar por su cuenta?

Cuando pretendan diluirte en la muchedumbre para que tu «yo» no estorbe, hay que resistirse y desobedecer. Las rosas escaparon hacia la libertad, la oveja casi lo logra, ninguna se quedó de brazos cruzados. Después de todo, si te quitan tu singularidad, te roban el alma. Pero debes tener en cuenta que cuando te salgas del pelotón, se prenderá la alarma y empezarán a presionarte, te colgarán carteles e intentarán clasificarte con infinidad de estereotipos.

─────────Ejercicio: Una tarea musical─────────

Hay una canción de Georges Brassens: «La mala reputación», que en una de sus estrofas dice: «A la gente no le gusta que uno tenga su propia fe». Como dije, mantener la «fe» y tus creencias más sentidas ante las presiones externas requiere de un esfuerzo personal considerable. Pero una vez que logres ser dueño de ti mismo y funcionar acorde a tus verdaderos criterios personales, sin complejos ni dependencias, nadie podrá detenerte.

Georges Brassens fue un cantautor francés de la canción popular y de protesta de los años sesenta y setenta, reconocido e interpretado en muchas partes del mundo. Hay varias versiones de «La mala reputación». En YouTube puedes encontrar una cantada en castellano por él mismo con un marcado acento francés, pero la principal para mi gusto es la que interpreta Paco Ibáñez. La puedes encontrar en el video titulado «La mala reputación-Paco Ibáñez».[2] También está disponible en Spotify. Escúchala sin prejuicio y con humor. Destaca las frases que te llaman la atención, disfrútala. Saca tus conclusiones, aunque sea de «otra época». Hay cosas que nunca pasan de moda.

---

2. <youtube.com/watch?v=DSyXQA4QiTw>.

Estar con la gente buscando su aprobación social quita demasiado tiempo mental y requiere de mucho esfuerzo. Cuando lo haces, te pierdes a ti mismo. Pero a veces ocurre algo excepcional: el cansancio y la toma de conciencia se dan la mano. Entonces te quitas el uniforme que te han puesto desde niño, que parece más un corsé o una escafandra, y empiezas a moverte a tus anchas: serás tú a cada pulsación, a cada bocanada de aire. No habrá obstáculo que te detenga.

Para que medites sobre esto

No te sientas mal si tus preferencias no son gregarias. Los tres nombres que la sociedad tiene para los que considera singulares o diferentes son: *bicho raro, oveja negra y patito feo*. Que digan lo que quieran. Lo que realmente debe importarte es que puedas ejercer el derecho *al desarrollo de tu libre personalidad*, tal como explicitan las constituciones de un gran número de países. Serás como una corriente que se sale de un gran río. Lo que te pido es autoafirmación: que tengas presentes las capacidades, las habilidades y las virtudes que posees. Son tuyas. Regodéate en tu independencia. Haz de tu vida una obra de arte, pero que te guste a ti por encima de todo. No eres un insecto extraño, no balas como las ovejas y no graznas como los patos. Hablas, te comunicas, amas, luchas y, mientras haces estas cosas y otras muy humanas, tomas el control de tu vida.

Aprende a desaparecer en la multitud
sin dejar de ser quien eres

«A la naturaleza le gusta ocultarse», decía Heráclito. ¿Has sentido alguna vez el placer de perderte entre la multitud, siendo tú mismo más que nunca? Cuando andas entre la gente jugando a ser invisible, la sensación de estar oculto se convierte en una especie de malicia voyerista. Eres anónimo: observas y pasas desapercibido. Miras a los que se cruzan por tu camino, inventas cuentos sobre ellos en tu mente, te imaginas sus historias o escaneas sus cuerpos. Nadie sabe lo que piensas, ni se les ocurre. La impresión que te llega es que eres inexpugnable.

Nadie sabe tu nombre ni tu ideología ni a qué te dedicas y, sin embargo, vas junto a ellos por las mismas calles. Es maravilloso sentirse transparente entre la multitud y tomar consciencia de que, si bien hay muchos «yoes» que te rodean, el tuyo es intocable.

——Ejercicio: Montarse en la cresta del gentío——

Hazlo de tanto en tanto. Sal a una calle poblada, móntate en el gentío y que la tropa pase por tu lado como si no existieras. La bella indiferencia. De vez en cuando date un baño de almas, apíñate con ellas sin llamar la atención. Muévete subrepticiamente en complicidad con tu mente. Disfruta del tremendo placer de ser abiertamente «tú para ti» y clandestino para ese público que jamás sabrá nada de ti. Ah, y puedes cantar o silbar mientras caminas. ¡Qué dicha que te ignoren y poder ser quien eres por dentro, desvergonzadamente y con tus perversiones a cuestas! En tu ciudadela interior, en ese reducto de intimidad donde tú reinas y nadie más cabe sin tu consentimiento, te encuentras seguro y solitario, aunque todo se agite y afane a tu alrededor. En el anonimato, creas una complicidad maravillosa contigo mismo.

Aunque tengas grupos de referencia con los cuales interactúes, algo queda claro: tu singularidad es como una huella vivencial que te identifica. La maravilla de la existencia es que, pese a que la vida se multiplica y expande, sigues cultivando tu individualidad. Los estoicos decían que somos una *chispa divina*, y algunos maestros orientales hablan de que el sabio es una *llama viviente*. Según un relato de Eduardo Galeano, somos «fueguitos» que brillan con distinta intensidad. En *El libro de los abrazos*, el escritor uruguayo escribe un relato denominado «El mundo». Léelo e incéndiate.

"

Un mar de fueguitos

Un hombre del pueblo de Negua, en la costa de Colombia, pudo subir al alto cielo.

A la vuelta, contó. Dijo que había contemplado, desde allá arriba, la vida humana. Y dijo que somos un mar de fueguitos.

—El mundo es eso —reveló—. Un montón de gente, un mar de fueguitos.

Cada persona brilla con luz propia entre todas las demás. No hay dos fuegos iguales. Hay fuegos grandes y fuegos chicos y fue-

gos de todos los colores. Hay gente de fuego sereno, que ni se ente-
ra del viento, y gente de fuego loco, que llena el aire de chispas.
Algunos fuegos, fuegos bobos, no alumbran ni queman; pero
otros arden la vida con tantas ganas que no se puede mirarlos sin
parpadear, y quien se acerca, se enciende.

Para que medites sobre esto

Te dejo esta reflexión del escritor estadounidense Ralph
Waldo Emerson, para que la hagas tuya (cambia, si
quieres, la palabra «hombre» por «mujer»):

Es fácil vivir en el mundo siguiendo los dictados del
mundo; es fácil vivir en soledad según nuestros propios
dictados, pero el gran hombre es aquel que, en medio
de la multitud, mantiene con impecable dulzura la independencia de la soledad.

No te dejes arrastrar por la presión del grupo

Los que hoy ostentan el poder son más inteligentes que
sus antecesores: te hacen creer que tú mandas, una vez
que te infiltran el esquema que les interesa. Basta ver la
estampida que ocurre en los almacenes de grandes super-
ficies cuando hay rebajas para darse cuenta de que alguien
mueve los hilos. Una vez acompañé a una tía, fanática de
estos «descuentos ilimitados», y pude ver lo que era. Literalmente te llevan en volandas o te pasan por encima. La
gente desesperada comienza a meter cualquier cosa en la

cesta «porque es muy barato», aunque no lo necesiten. Como adictos, consumen de todo y compulsivamente. Hay infinidad de casos similares en distintos órdenes de la vida. Es como si les hubieran incorporado un chip que mandara sobre ellos.

¿Por qué tenemos la tendencia a repetir lo que hace la mayoría? Si estás en un concierto y, ante alguna muestra de talento de los intérpretes, alguien del público grita: «¡Bravo!», y aplaude a rabiar, verás que un instante después todos empiezan a hacer lo mismo. Como una bola de nieve, la propagación también te llega a ti, y entonces te levantas y te sumas a la ovación... A lo mejor no entiendes un pito de música clásica, pero te pegas al resto. ¿Por qué lo haces? Al menos, por dos razones.

— La primera tiene que ver con el *miedo a ser evaluado negativamente por los demás* (por ejemplo: «Este no sabe nada de música y por eso se queda sentado y en silencio»). Cuanto mayor sea tu necesidad de dar una buena imagen, peor. El «castigo» por no seguir determinadas convenciones sociales adopta varias formas: crítica, exclusión, estigmatización o burla. Por ejemplo, si en una reunión todos se ríen a carcajadas por un chiste y tú ni te inmutas porque no te pareció gracioso, es posible que te digan que no tienes sentido del humor, lo cual no debería importarte lo más mínimo si eres una persona segura de ti misma y tienes una buena autoaceptación. Como sea, habrá presión de los risueños y más aún si la situación se repite. En otro caso, supongamos que no saltas desenfrenadamente como los demás en una fiesta loca, ya que eres de un carácter más apacible o porque no te da la gana. Entonces es probable que te evalúen como un «amargado», y no faltará quien se te acerque y te pregunte en tono benevolente: «¿Te pasa algo?». El señalamiento, como en el caso anterior, también debería importarte un rábano, puesto que tu bienestar no depende de cómo te clasifiquen los demás. De todas maneras, ser políticamente incorrecto trae consecuencias sociales negativas que no todas las personas resisten.

— La segunda se refiere a una creencia irracional que en psicología se llama la «prueba social», que afirma lo siguiente: *cuantas más personas sostienen que una idea es correcta, más correcta es esa idea.* La aseveración «todos lo hacen», buscando una justificación, es sin duda una falacia. Que un comportamiento se generalice nada tiene que ver con su validez racional o moral. Facundo Cabral decía con su humor ácido y genial: «Diez millones de vacas no pueden equivocarse, coma pasto». Es la filosofía del rebaño a escala humana: hagamos lo que hacen los demás, no pensemos más de la cuenta, somos un grupo compacto, sólido, homogéneo, irreductible: ¡somos uno! La consigna es: «Me comporto adecuadamente si me comporto como los demás». Por eso, cuando asumas un papel distinto y tomes una decisión que no concuerda con el conjunto o con tu grupo de referencia, es posible que te haga dudar: «¿Será que el equivocado soy yo, ya que voy a contracorriente?». La tribu manda, casi siempre. Y el «casi», en este caso, significa que es posible que alguien se salte la norma.

El sometimiento al grupo

Un experimento del psicólogo Solomon Asch, realizado en 1950 y repetido muchas veces a lo largo de los años, muestra cómo la presión del grupo puede llegar a doblegarte. Yo mismo he replicado el estudio de Asch en terapias de grupo y en diversos cursos, con el mismo resultado. La tarea es muy simple. Se trata de comparar una línea de referencia con otras tres de distintas longitudes y decir cuál de las opciones es igual a la muestra. El sujeto de la investigación entra en un cuarto con un grupo de actores (cosa que él no sabe) y se sientan juntos a una mesa. Luego cada participante va diciendo en voz alta cuál de las tres líneas es igual a la del modelo. En realidad, la respuesta correcta es muy fácil de determinar; sin embargo, el experimento está planeado para que ocurra algo inesperado. En un momento dado, todos los actores comienzan a señalar como correcta una línea evidentemente errónea. Al principio el sujeto de investigación se desconcierta y ofrece alguna resistencia a la presión del grupo, pero al poco tiempo, aun sabiendo que la respuesta es equivocada, se acopla a la mayoría. La conclusión de todos los experimentos realizados es prácticamente la misma; alrededor de un 40% de las personas se dejan influenciar por lo que dicen los actores, en una situación en la que la respuesta correcta es indiscutible. Te invito a realizar la siguiente actividad para verlo más claramente.

Ejercicio audiovisual:
El experimento de Asch

Observa en YouTube dos videos muy cortos sobre el experimento de Asch que mencioné antes. Resulta increíble ver cómo el sujeto se acopla a la mayoría. La gente tiende a decir que en su lugar no se dejaría influenciar. Pues no se sabe... Muchos dijeron lo mismo y finalmente cayeron.

Video 1, titulado: «Experimento de Asch (subtitulado)».[3]

Video 2, titulado: «El experimento de Asch: influencia de la mayoría y la conformidad».[4]

Ejercicio audiovisual: El borrego
que llevamos dentro

Una vez que hayas sacado tus conclusiones, te sugiero que veas otro video de una investigación social más reciente, sobre la influencia del grupo en una persona que espera su turno en una sala de espera. El video fue viral y el contenido te sorprenderá. Piensa qué harías tú...

Busca en YouTube el video: «Somos borregos, interesante experimento».[5] No hay truco, es real. En este experimento social, al igual que en cientos que se han hecho, queda claro hasta qué punto la gente se amolda a otras personas y termina comportándose como los demás sin

---

3. <youtube.com/watch?v=tAivP2xzrng>.
4. <youtube.com/watch?v=wt9i7ZiMed8>.
5. <youtube.com/watch?v=wibaGgB318c&t=14s>.

saber por qué lo hace. Como veremos más adelante, la creación de paradigmas sigue un derrotero similar.

Revertir los automatismos con atención despierta

La presión de grupo ocurre minuto a minuto en nuestra vida cotidiana, casi siempre de una manera sutil y prácticamente invisible a nuestros ojos. Cuando nos comportamos de manera mecánica y sin tomar conciencia de lo que hacemos, el condicionamiento es el que manda. Dirás: «Pero ¿qué puedo hacer si ese control pasa desapercibido para mí?». Hay una alternativa: *utilizar la atención despierta*. Si lo haces, aprenderás a no aceptarlo todo pasivamente, a cuestionarte, a dudar y a no ser sumiso. Hay ocasiones en que debes dejar enfriar los procesos mentales (cabeza fría) para autobservarte mejor y darte cuenta a tiempo de cuándo los demás comienzan a arrastrarte.

——Ejercicio: Seis pasos para no—— comportarse mecánicamente

Lo primero es preguntarte si eres consciente de lo que ocurre dentro ti y en tu entorno. Si has puesto toda tu capacidad de atención fuera, te faltará el detector interior, y viceversa. No digo que estés mirándolo todo en modo obsesivo. Recuerda que la mayor parte del tiempo actuamos mecánicamente porque quizá sea lo más adaptativo por cuanto hay una economía de tiempo, pero eso te aliena cuando se te va de las manos. Necesitas la conciencia completa de tu ser.

Lo segundo es pensar si lo que haces responde a tus verdaderos deseos y creencias o simplemente te dejas llevar. Pregúntate: «¿Me comporto como creo que debo hacerlo o estoy siguiendo instrucciones de algo o alguien?». De ser así: «¿Estoy de acuerdo? ¿Actúo a voluntad o me llevan de las narices obligado?».

Lo tercero es considerar si lo que estás haciendo tiene algún sentido o se acerca más a un comportamiento inexplicable, absurdo o peligroso. Como viste en el video de la sala de espera, si cada vez que suena un silbato te levantas sin saber por qué y tu respuesta es «todos lo hacen», estás mal. Tampoco vale decir: «Es la costumbre», porque, tal como verás en la cuarta parte, hay tradiciones racionales y otras que son inaceptables porque atentan contra la dignidad humana.

Lo cuarto es aceptar internamente que la gente no es quien te valida como persona, sino tú mismo. Entender que tienes el derecho a no estar de acuerdo y a expresar tal desacuerdo. Esto es fácil de decir, pero para llevarlo a cabo se necesita valentía y sopesar si prefieres evitar el miedo y doblegarte o andar con la cabeza bien alta y que la adrenalina corra por tus venas.

Lo quinto es tener presente que, si decides romper el condicionamiento y no seguir enganchado a él, es muy probable, tal como hemos señalado antes, que haya un costo social que deberás asumir. ¿Estás dispuesto?

Lo sexto se refiere a confirmar todo lo anterior, como una forma de comprometerse con la decisión, es decir: *con verdadera convicción y en pleno uso de tus facultades, llevado por una actitud razonada y corriendo el riesgo de una sanción social por no ser como la gente quiere que seas.*

Nota: hay veces en que la extinción del condicionamiento no parece seguir ninguna secuencia preestablecida. Más que «extinción», es una ruptura categórica e inmediata. Es como un salto cualitativo. Ocurre cuando la situación golpea tus valores más sentidos y son los principios los que toman las riendas, sin pensar tanto. Se disparan como un resorte energético. Es la parte más básica de tu cuerpo la que decide, y la indignación, la que te guía. Por ejemplo, la experiencia de «Anteojito» que cito en la segunda parte.

No te dejes seducir por los «me gusta»: hazle un lugar en tu vida a lo «distinto»

Hoy se privilegia y se prefiere más que nunca lo que «se nos parece» a lo que resulta extraño o distinto. Y digo «más que nunca» (esto de agruparse por semejanza ha existido siempre) porque algunas redes, con Facebook a la cabeza, lo han multiplicado de manera exponencial: han creado una cultura del «me gusta» y una ponderación por lo igual. La mano con el pulgar hacia arriba no solo alimenta el ego de quien lo recibe, sino que también anima a enviar a la papelera de reciclaje a los que muestran una discrepancia con lo que pensamos. Aunque haya excepciones (no todos lo que utilizan internet y las redes se dejan dominar por ellas), muchísimas personas construyen un mundo virtual a medida, una fortaleza informacional selectiva en la que la oposición y los extraños sobran y fastidian. Es la apología de los «nuestros».

Si quieres defender tu individualidad, no permitas que esta «filosofía de lo igualitario» te atrape, y más bien fomenta lo contrario: hazte líder de tu propia causa y acepta la diferencia como algo natural y positivo. El debate te nutre (aunque ya no se utilice tanto), la discusión amistosa con un contrario te hace pensar en cosas que quizá no se te hubieran ocurrido. La mente es un músculo; si no se trabaja, se atrofia. Quiero dejarte este pensamiento que aprendí en bioética y que, si lo aplicas, hará que tu mente se abra más a lo nuevo: más vale un desacuerdo amigable que un acuerdo perezoso. Para que te quede más claro: el acuerdo perezoso te obliga a darle la mano a alguien por pura formalidad o miedo a discrepar, el desacuerdo amigable produce respeto y autorrespeto. Tú eliges.

La singularidad molesta a muchos, ya que ofrece resistencia a la estandarización humana y nos aleja del mundo feliz de que «todo marcha sobre ruedas porque no hay divergencia». Si entras en el universo de las redes y practicas la obsesión por lo igual, tu identidad empezará a ser absorbida por la gavilla. Pensarás tanto antes de dar una opinión que no dirás nada.

Rechazar lo diferente, además de adormecer el cerebro, como veremos más adelante, es un caldo de cultivo para que la discriminación de todo tipo prospere. Un ejemplo típico es la suspicacia que genera un extranjero, aunque no seamos tan conscientes de tenerla. Podríamos llamarlo «microxenofobia» cuando apenas se nota, pero existe.

Una vez estaba haciendo fila para pedir un café en una ciudad de Latinoamérica. Delante de mí había un señor muy alto en bermudas y sandalias, con una camisa por fuera, una manera de vestir que no seguía la costumbre del lugar. Era blanco como la leche, tenía pecas por todas partes y hablaba una media lengua que no pasaba desapercibida. Cuando llegó al mostrador, tuvo una conversación con la chica que lo atendió, que trataré de reproducir siendo fiel a mi memoria:

— **Chica:** ¿Usted de dónde es?
— **Hombre:** De Australia.
— **Chica:** ¿La gente se viste así allí?
— **Hombre:** *(Sin saber qué decir).* Pues... sí...
— **Chica:** Yo lo veía medio raro: la pinta, la altura, las pecas y el pelo rojizo. Aquí somos muy distintos.
— **Hombre:** *(Tratando de sonreír).* Sí, claro...
— **Chica:** ¿Hace mucho que está aquí?
— **Hombre:** Cinco años.
— **Chica:** *(Poniendo cara de sorpresa).* ¡Ah! ¡Entonces ya es de los nuestros!

El hombre asintió con amabilidad, tomó su café y se fue. En un mínimo intercambio verbal, la señorita le dijo que él era y se vestía «medio raro» y que, además, sus pecas, la altura y su color de pelo indicaban que era de «fuera», es decir, diferente a los demás. Indagó también cuánto tiempo hacía que estaba en el país, para «aceptarlo» y decir: «Ya es de los nuestros». Esto indicaba claramente que a partir de cierto tiempo (vaya a saber cuánto) las personas extrajeras podían considerarse parte del grupo de ciudadanos locales. Dicho de otra forma: en esa conversación se recalcó su condición de forastero y se le dio la buena noticia de que había pasado un examen de admisión del cual con seguridad el hombre no tenía ni idea. No creo que el señor se sintiera cómodo, y más cuando el lugar estaba atestado de gente local, menos él y yo. Al momento de pagar, pasé desapercibido.

Toda mi vida he sido inmigrante, y debo reconocer que uno preferiría que no le recordaran tanto su condición, porque cada vez que lo hacen inevitablemente te sientes, aunque sea por un momento, «de otra parte» o, como dice un modismo argentino: «sapo de otro pozo». Cierta vez, una señora me dijo: «Lo felicito, ya está perdiendo su acento». ¿Por qué diablos debería estar orgulloso de perder la tonalidad del idioma con el que me crie? Le respondí: «Gracias, pero no pienso seguir perdiéndolo, me recuerda de dónde vengo».

————Ejercicio: Una tarea audiovisual————

El miedo a los desconocidos, según los psicólogos, puede considerarse un temor innato junto a muchos otros, como, por ejemplo, el miedo a las alturas, a la separación o a la oscuridad. El niño, a partir de los seis meses, comienza a reaccionar negativamente ante rostros desconocidos. Esto parece haber sido útil para la supervivencia de la especie (había que defenderse de los extraños y desconfiar de ellos para cuidar las fuentes de alimentación y procreación, entre otras). Sin embargo, en la vida actual civilizada, si se exagera su uso, la emoción pierde funcionalidad y con el tiempo podría generar xenofobia, clasismo, racismo o cualquier otro tipo de alejamiento. Cuando ponemos una separación alrededor del extranjero, de las minorías étnicas o de cualquiera que piense de forma diferente, excluimos parte de nosotros mismos. Te propongo ver un video realizado en Lituania, titulado: «Mira el video sobre un experimento social que está conmocionando toda Europa».[6]

Después de mirarlo, creo que estarás de acuerdo conmigo en que la solidaridad no se ha perdido del todo, afortunadamente, pero corre a la par de una segregación racial insoportable. Si te duele el sufrimiento ajeno o te indigna, no basta «conectarse» como si fueras un artefacto eléctrico, hay que «comunicarse» y llegar hasta la mente y el corazón de los demás. Cuando te comunicas, transformas al otro y te transformas a ti mismo. Incluir lo desemejante no significa necesariamente asumir sus creencias y costumbres, sino aceptar su humanidad, es decir, respetarlo.

————Ejercicio: Un día metido en lo real————

Solo para valientes

Te va a costar mucho esfuerzo, ¿verdad? Vas a decir: ¿para qué? Buscarás excusas como lo hace cualquier persona dependiente de algo o alguien. Pensarás: «¡Es imposible!», y no es así. Te propongo que un día te alejes de toda conexión generada por las redes. Solo podrás aceptar y hacer llamadas telefónicas. No podrás entrar ni estar en Facebook, Instagram, Pinterest, FaceTime, MMS, WhatsApp o cualquier otra red social. No colgarás mensajes ni fotografías y no te enterarás de lo que hacen tus amigos y amigas, te guardarás los chismes en el bolsillo. No andarás

6. <www.youtube.com/watch?v=QTYeOe4jIKo>.

flotando por lo informacional. Te pido que aterrices y te liberes de la tecnología para que puedas estar en contacto con la realidad y con todo lo que te rodea y no solo con tus clones. Dejarte arrastrar por todo y vivir el mundo tal cual es, lleno de desigualdades y diferencias por doquier. Recorre las calles, entra en un bar y tómate un café. No te detengas, sigue. Escucha hablar a la gente, mira a quien pasa por tu lado. No serán inmaculados como en las redes, estos tienen olor, sudan, te miran y se desplazan junto a ti, hacen ruido al existir en la realidad. Cuando expresan emociones, no te ponen un emoticono, se ponen rojos o te hacen la señal con el dedo medio diciéndote que te vayas al carajo, pero a la vez se les marca un hoyuelo o les brillan los ojos. Siente los automóviles, come y mira comer a los demás. ¿Y tus contactos en qué andan? No tienes idea y la vida sigue. Estás lejos de la inmediatez del mensaje. No estás avisando a nadie de lo que estás haciendo, solo eres tú mismo experimentando sin comentarios; es tu vivencia personal e intransferible. Te has «desconectado» de tus iguales para meterte de cabeza en una realidad plagada de seres humanos de carne y hueso distintos. Los gestos, las expresiones y las posturas corporales son reales y no reproducciones. Increíble, ¿no? En vez de decir: «Ja, ja, ja» o «Ji, ji, ji», sueltas la carcajada. No hay que leer la risa, hay que escucharla y ver la cara que la acompaña, percibir la respiración del otro. Hay que observar cómo la risa hace que la cabeza se menee de arriba abajo y el cuerpo parezca convulsionar. Al separarte de tus relaciones virtuales por un rato, sin dar ni tener noticias, reafirmas tu individualidad e intentas recuperar aquellas vivencias básicas que conformaron y conforman tu yo. Cuando te dé el ataque de ansiedad por el síndrome de abstinencia: ¡aguántalo un rato, no salgas corriendo hacia tu ordenador! Lo siento, no hay analgésicos para salir de Matrix, no hay pastillas rojas o azules. La mejor solución es dejarse llevar por el interés, la belleza o lo espantoso de la realidad que habitas. Porque la vida no es aséptica, no es descontaminada ni tampoco puedes hacer que se adapte a ti, sino al revés. Cuando termines este ejercicio, anota lo que más te haya impactado y, por favor, no me odies. Un detalle: ¿te diste cuenta de que te vestiste de pies a cabeza para salir al mundo? Cada persona que te cruzaste por la calle era distinta a ti en cientos de cosas. Te dejaste tocar por la diversidad, por lo desemejante, y no pasó nada. Todo lo contrario. Te atiborraste de gente no elegida, no seleccionada por corazones y pulgares levantados. Es la aventura de vivir. Si eres capaz, hazlo una vez por semana. Que el ejercicio se llame ahora: «Un día por semana metido en lo real».

Asiste físicamente a una conferencia, a un teatro o a un debate. Lee un periódico de papel en una banca y respira, respira, respira. Una reflexión más: ¿te diste cuenta de la brisa, el frío, el calor, la lluvia, los ruidos mundanos? Pues disfrútalo, deja que la existencia te atraviese sin obstáculos. Y otra cosa: ya no podrás subir ni conectarte a la nube; mejor levanta la cabeza y míralas pasar.

Trabajo individual versus trabajo grupal

La cultura sin duda privilegia el trabajo grupal. En muchas empresas, aún hoy, pese al avance del «trabajo inmaterial» que permite la tecnología, se piensa que el rendimiento inexorablemente será mejor y más rico si la actividad que se realiza se hace en equipo. Esto puede ser cierto en muchos casos, pero no se puede generalizar.

Recuerdo que trabajé unos meses en una agencia de publicidad. Todas las mañanas, antes de meternos en nuestras tareas concretas, hacíamos una lluvia de ideas sobre los temas del día. Café en mano, dejábamos volar la imaginación y entrábamos en la actividad creativa más o menos por una hora. Pero en el grupo había una «oveja negra». Era un muchacho introvertido y solitario que los demás no querían demasiado porque se negaba a participar en el *brainstorming* matutino. Decía que él funcionaba mejor solo que rodeado de gente. Con el beneplácito del jefe, se tiraba en el suelo al lado de su escritorio y se quedaba ahí tendido, pensando y haciendo muecas. En cualquier momento, como si se despertara de un letargo, pegaba un salto y salía casi siempre con una idea interesante y original. La polémica estaba servida y discutíamos bastante sobre ello: ¿el trabajo en grupo es mejor que el trabajo individual? Yo no apoyaba, como hacía la gran mayoría, las actividades en grupo de manera radical. No estoy diciendo que uno deba ser un ermitaño en el mundo laboral en que se desempeña y no hablar con sus colegas. Lo que sostengo es que existen *diferencias individuales* que determinan la productividad en distintas áreas. Un día traté de seguir el ejemplo de mi compañero y no fui a la reunión porque dije que tenía gripe (lo cual no era cierto) y no quería contagiarlos. Y me puse a trabajar en la idea de cómo publicitar unos juguetes. Lo primero que percibí fue una sensación de alivio. No sentía ni la presión de los demás ni el miedo a hacer el ridículo ni la mirada del jefe y su exigencia cuando decía: «¡A ver, a ver, que ustedes son capaces de más!». Puse música y dejé que mi «*software* mental» descargara cualquier cosa a ver si salía algo que valiera la pena. A veces me levantaba, caminaba de un lado para el otro, bebía agua, iba al baño a no hacer nada, en fin, esperaba que mi cerebro estallara y me diera una buena nueva. Y en un momento dado surgió el eureka: construí un eslogan y elegí un color. Después otro y otro. Aquella vez eligieron mi propuesta. A partir de aquel día me eximieron de asistir a la lluvia de ideas, que más parecía un llanto creativo. Nunca hablé de esto con el joven solitario. En ocasiones nos cruzábamos por los pasillos o asistíamos a una reunión y las miradas eran suficientes para sentir la complicidad entre nosotros. Ahora éramos dos los diferentes y, si bien yo no era tan bueno como él, mis resultados y satisfacción mejoraron notablemente.

La conclusión es clara: *hay gente que funciona mejor sola que acompañada*. Algunos se sienten muy bien cuando están en compañía de sí mismos, y no por eso son antisociales.

Aprende a discernir si «perteneces» a los grupos sociales o «participas» en ellos

Siguiendo al filósofo Savater, podemos decir que las personas, cuando se vinculan a los grupos sociales, suelen mostrar dos tendencias, según sean el tipo y el grado de implicación en los mismos: *pertenecer* o *participar* en ellos. Cada forma de relacionarse tiene una lógica muy distinta, aunque en muchas ocasiones utilizamos ambos estilos y los entremezclamos. Trata de diferenciar estos modos de estar con los demás e identifica cuál utilizas más en tu vida cotidiana. De manera didáctica, presentaré las características extremas de cada tendencia para que se puedan entender mejor.

— *Pertenecer a un grupo* es identificarse de lleno con él y mimetizarse con la gente, tal como lo hace el camaleón cuando se confunde con el ambiente para sobrevivir a los depredadores. Te entregas y te dejas llevar, sigues sus preceptos y normas sin rechistar. Te identificas con sus principios y te sientes orgulloso de exhibir el distintivo o llevarlo emocionalmente en tu interior. Implica volverse totalmente semejante y renunciar a la propia singularidad en favor de la sigla que te cobija. Cuando «perteneces» a un conjunto social, te diluyes en él, y casi siempre se crea una dependencia emocional o algún otro tipo de apego. Por lo tanto, existe una aceptación incondicional al grupo y la incapacidad de adoptar una posición crítica. En estos casos, tu «yo» se aparea con otros «yoes» como si la cantidad de sujetos que lo integran fueran un solo ente. Cuando los miembros de la colectividad se cierran alrededor de una idea fija, aparece el fanatismo. La palabra *pertenecer*, según la RAE, significa «ser propiedad o formar parte de alguien o de algo». Ser «propiedad de algo o alguien» es inaceptable y no se discute, a no ser que te sientas realizado siendo esclavo. Y ser «parte de alguien o de algo» implica estar metido dentro de un todo que te contiene y te define.

— *Participar en un grupo* implica estar vinculado a él porque quieres: es un acto de la voluntad. Eres consciente de que tu individualidad permanece a salvo, porque no caes en el pensamiento único. No estás absorbido ni diluido en ningún clan; por lo tanto, no te sientes obligado a una obediencia ciega. Hay una distancia afectiva y cognitiva que te permite tomar la decisión de decir «no» sin miedo ni culpa e irte cuando se te antoje, sin traumas ni conflictos personales. No estás atado afectivamente más allá de lo necesario, no hay apego. El grupo es una preferencia, no una necesidad. Obviamente, habrá cosas en común con los demás integrantes, pero compartir algunas metas no significa que debas renunciar a tu singularidad, pues con seguridad tendrás más objetivos que son exclusivamente tuyos. Ahí no se acaba ni empieza tu vida. Por ejemplo, participar en un club de lectura, unas clases de cocina o un juego de cartas de tanto en tanto. El grupo, al igual que tú, buscará aprender de literatura, elaborar nuevas recetas o pasarlo bien en una mesa de póker. Pero si ya no te interesa la lectura, cocinar perdió su encanto o te aburre la baraja, simplemente dejas de ir.

Tres preguntas y tres respuestas que aclaran más la cosa

En mis conferencias y cursos, cuando hablo de este tema, hay tres preguntas que los asistentes suelen hacerme. Quizá estés pensando ahora mismo en alguna de ellas.

Veamos cuáles son las respuestas a esos interrogantes, si los tienes.

1. ¿No hay puntos medios o siempre tenemos que pertenecer o participar de manera radical con el grupo?
Dentro de estos dos extremos «puros» se ubica la mayoría de la gente. Pero esa ubicación no es fija e inamovible, sino móvil y cambiante. Es común que nos relacionemos con los grupos utilizando ambos modos a la vez, según sea el colectivo de que se trate. Mientras que en algunas agrupaciones sociales nos involucramos y *pertenecemos* a ellas hasta la médula, en otros colectivos *participamos* con la distancia necesaria para decidir con independencia. Algo similar puede ocurrir con un solo grupo en distintas situaciones: hay circunstancias en que la euforia nos domina y sentimos que pertenecemos a él en cuerpo y alma, y hay otras en que prevalece la razón y pensamos sin tanta atadura. Es decir, puede haber «momentos de participación» y «momentos de pertenencia» con respecto al mismo colectivo. ¿De qué depende? De la emoción que nos embargue. Cuanto mayor sea la pasión y lo afectivo del vínculo, mayor será la sensación de que «somos parte» de ese grupo.

Si voy a la cancha a ver a mi amado equipo de fútbol, me importa un rábano la explicación participar/pertenecer. Cuando el árbitro pita un penalti en «nuestra» contra y lo insultamos hasta quedar afónicos o cuando gritamos un gol, se nos salen las lágrimas y abrazamos a cuanto individuo tenemos cerca, no «participamos» de los objetivos de un grupo de jugadores y del club: *somos* el equipo, lo llevamos en las entrañas. Después, una vez que se tranquilice todo (generalmente al día siguiente), volvemos a la realidad y somos capaces de criticar las malas jugadas de los propios jugadores o reconocer que el penalti a nuestro favor no era válido; ya no «pertenezco» ciegamente. Cuando tienes un orgasmo al tiempo que lo tiene la persona que amas, te recomiendo que no intentes discernir nada porque no podrás. Te metes en el cuerpo del otro y se acabó, hay fusión y lo que menos te importa es qué tipo de vínculo tienes (uno no participa en el orgasmo simultáneo con su pareja, en ese instante *eres* el orgasmo). O si estás en un concierto con tu grupo musical preferido en un estadio lleno, donde la gente salta, grita y canta como en un ritual cósmico, pues te sentirás parte activa de los cientos o miles de fans. La exaltación te disgregará en el conjunto de los seguidores, como si se tratara de una secta maravillosa. Unos dos o tres días después, cuando los últimos vestigios de la resaca hayan desaparecido, dirás que participaste en un «evento musical».

2. ¿Necesitamos realmente estar vinculados a un grupo social?
Nadie prescinde totalmente de los demás. Ni siquiera los esquizoides se alejan totalmente de sus semejantes. Es verdad que podemos elegir y apartarnos de la gente dañina, pero somos más humanos si estamos con otros humanos.

El sentido de pertenencia es muy importante en el desarrollo del autoconcepto de los niños, ya que este depende en gran parte de la manera en que se ven reflejados en sus compañeros y amigos. No obstante, a medida que maduran fisiológica y cognitivamente empiezan a tener sus propias opiniones y puntos de vista, y el arraigo, aunque existe, puede ser modulado por la voluntad y la razón. A medida que creces, tú decides si aceptas o no lo que te es dado. Esta motivación de estar con gente compatible, el psicólogo Maslow lo denominó *afiliación*, es una de las motivaciones más determinantes en el ser humano y, claro está, si se convierte en dependencia, deja de cumplir un papel positivo. El contacto con las personas empieza a no ser suficiente si compite con la autonomía (otra motivación fundamental). El problema entonces no es estar *en* o *con* un grupo social (ya vimos que el sentido de pertenencia configura parte de nuestro yo), sino el tipo de vinculación que establecemos: *si lo que debo entregar para sentirme a gusto en un grupo es mi independencia o mi libertad de pensamiento, es mejor no estar allí.*

3. *¿Es posible romper la pertenencia a un grupo sin traumatizarnos?* Depende de cómo y por qué te hayas relacionado. Si lo que buscaste fue que el grupo te arropara, sirviera para mejorar tu autoestima o para sentirte aceptado, será muy difícil salir de la dependencia creada sin terapia. Sencillamente porque el grupo compensaba un déficit tuyo y hacía tu vida más llevadera. Si andabas por la vida solo y desarraigado y te dijeron: «Ven, que este será de hoy en adelante tu hogar y tu patria, y nosotros, tu familia», ¿cómo rechazar la invitación, si se te promete la salvación? Para alejarte de un colectivo que te propone la «sanación» de todos tus males, debes adquirir una gran seguridad y confianza en ti mismo. He visto infinidad de casos en los que la gente sale adelante lejos de su tierra, sin familia y en la peor de las soledades. Con seguridad eres más fuerte de lo que crees.

Para que medites sobre esto

Los requisitos para estar en un grupo social de manera satisfactoria y que no absorba tu personalidad son tres: *tener relaciones adecuadas con sus miembros, poder manifestar tranquilamente la propia singularidad y hacer uso de un pensamiento crítico cada vez que se crea conveniente.* Con que no se cumpla uno solo de estos requisitos, es probable que no sea saludable para ti. Entonces: si te limitan e impiden actuar con libertad suficiente, haz la maleta y vete. Los mejores grupos sociales son aquellos que no imponen ni sancionan (piensa en Alcohólicos Anónimos), sino que respetan tu individualidad, aunque no la compartan.

Una agrupación altamente homogénea y cerrada sobre sí misma es una contraindicación para el desarrollo de tu potencial humano: será gente que no le viene bien a tu vida. Y en el caso de que no seas bien recibido en un lugar porque les caes mal a los otros o simplemente no te quieren, pues no sigas allí, no mendigues afecto ni aceptación. Pégate a tu referencia interior, agárrate a tu yo. Revisa las relaciones que mantienes con los grupos sociales que forman parte de tu vida (laboral, social, familiar) y piensa en cuál de ellos tienes que esconder o disimular algunas facetas esenciales de tu personalidad para que no se molesten los demás o haya discusiones. La premisa es como sigue: *te aceptan como eres o tendrás que decidir si te quedas o te vas.* Solo muestro el enredo en el que uno puede meterse sin darse cuenta para acoplarse a cualquier precio. Ese grupo al que amas y con el que compartes distintas vivencias, tiene que ser compatible con tu esencia.

Una pausa para que entiendas de qué forma la necesidad de aprobación te impide ser quien eres

Vemos tres principios contra la necesidad de aprobación que facilitarán que te alejes bastante del qué dirán. Reflexiona sobre ellos y aplícalos. Cada punto comienza con una premisa, sigue con uno o dos relatos o anécdotas y finaliza con una explicación en cada ítem.

Primer principio: «Es imposible
satisfacer a todo el mundo»

"

El niño, el abuelo y el qué dirán

Un abuelo y su nieto fueron un día a visitar a unos familiares y se llevaron un burro por si se cansaban. Iba el abuelo montado en el animal y, al pasar por la calle principal de un pueblo, algunas personas comentaron enfadadas: «¡Qué viejo tan egoísta! ¡Él va lo más bien montado en el burro y el niño a pie!».

Al oír esto, el abuelo decidió bajarse y se subió el niño. Pero al llegar a otra aldea, escucharon: «¡Esto es increíble! ¡El jovencito tan cómodo en el burro y el pobre anciano a pie!».

Viendo la reacción de la gente, decidieron subirse los dos al animal. Al llegar a un nuevo sitio, los lugareños les gritaron: «¡Es que no tienen corazón! ¡Ese pobre animal cargando a los dos! ¡Van a reventar al pobre burro!».

Entonces decidieron evitarse más problemas y ambos decidieron bajar y continuar el viaje a pie. Sin embargo, al pasar por otro lugar, la gente se burló de ellos y, entre risas, decían: «Pero ¡serán tontos! ¡Caminar cuando tienen un burro disponible!».

❝

Lo que Dios no puede hacer

Un discípulo a quien le preocupaba mucho molestar a alguien cuando daba una opinión conversaba con su maestro espiritual. El joven decía que muchas veces prefería quedarse callado a crear un mal ambiente, incluso optaba por darle la razón a quien no la tenía. El maestro, que era un hombre sabio y anciano, acomodó su túnica y le preguntó:

—¿Te preocupa herir los sentimientos de la otra persona o que se haga una mala imagen de ti?

El discípulo pensó un rato y respondió:

—Ambas cosas.

—Es mejor ser cuidadoso y amable con las personas, sin dejar de ser honesto.

—Pero hay gente a la que no le va a gustar…

El maestro lo miró en silencio un rato y luego comentó:

—¿Sabes? Hay una sola cosa que Dios no puede hacer.

—¿Sí? ¿Cuál es? —expresó el alumno con curiosidad.

—Agradar a todo el mundo… Si él no puede, tú tampoco.

Estos relatos te enseñan una regla universal: hagas lo que hagas, a un porcentaje considerable de la población (algunos sostienen que el 50 %) no le va a gustar. O sea, y esto es lo determinante: si renuncias a tu singularidad para agradarle a más gente, es probable que tu cambio pase inadvertido; la mitad de las personas ni se darán cuenta porque los que no te querían van a seguir sin quererte. Como el relato del abuelo y el burro, nunca dejarás satisfecha a la mayoría, siempre habrá alguien que te lanzará una pulla. Ya que no puedes evitar pisar callos si decides ser auténtico, pues al menos que pisarlos sea en defensa de tu individualidad, es decir, por una buena causa personal.

Segundo principio: «No te dejes influenciar por los chismes y la crítica»

Seleccionar la información

Un discípulo quería contarle a su maestro un rumor que había oído en el mercado. Las ganas de comunicar el chisme hacían que una y otra vez insistiera. Ante tal obstinación, el maestro le dijo:

—Espera un minuto y cálmate. ¿Lo que me vas a contar es verdad?

—No lo creo —respondió el estudiante.

—¿Es útil?

—No, no lo es.

—¿Es divertido?

—*No.*

—*Entonces, ¿por qué tengo que oírlo?*

❝

Algunas respuestas socráticas al ataque verbal

— *Una vez alguien le dio una patada y él simplemente se aguantó. Al ver su actitud pasiva, un individuo le preguntó por qué no se defendía, y Sócrates hizo la siguiente reflexión: «Es que, si me diera una patada un asno, ¿lo iba a llevar ante los jueces?».*
— *A uno que le dijo: «Ese habla mal de ti», le contestó: «Es que no ha aprendido a hablar bien».*
— *A otro que le preguntó: «¿No te ofende fulano?», le respondió: «No; lo que cuenta de mí no es cierto».*

El temor a la crítica es fatal para las personas que lo padecen. Se pasan el tiempo anticipando el reproche que pueda llegar de algún experto en reproches. El miedo a la evaluación negativa los inmoviliza. No arriesgan nada para evitar la desaprobación de los demás, aunque el otro brille por su estupidez. ¿Cómo vas a defender tu individualidad si la haces depender de la calificación de cualquiera? Que tu autoevaluación sea más fuerte, más profunda y más categórica que la evaluación externa. Cuando alguien te critique, por la razón que sea, hazte las siguientes preguntas: ¿la fuente es fiable, sabe de qué habla?, ¿su intención es constructiva o destructiva?, ¿realmente es verdad lo que dice?, ¿no se supone que cuando se trata de mí, yo tengo la última palabra? Si la fuente no es fiable, *out.* Cuando la intención es destructiva, sácalo de tu vida y de tus redes: bloquéalo. Si no es verdad lo que dice, actúa como Sócrates, pero si es verdad, utilízalo para cambiar. Si crees que pesa más el criterio ajeno que el tuyo, busca ayuda profesional. Hay gente masoquista en esto de las redes: temen el *ciberbullying* y se pasan todo el día viendo quién los insulta o los difama. Cuanta más confianza tengas en ti mismo, más sólido será tu «yo» y menos te afectará el juicio ajeno.

Tercer principio: «Lo importante no es lo que te digan, sino lo que tú interpretes»

"

Las ranas atrapadas

Un grupo de ranas viajaba por el bosque y, de repente, dos de ellas cayeron en un hoyo profundo. Todas las demás ranas se reunieron alrededor del pozo. Cuando vieron cuán hondo era el hoyo, les dijeron a las dos ranas que para efectos prácticos se debían dar por muertas, ya que no saldrían. Las dos ranas no hicieron caso a los comentarios de sus amigas y siguieron tratando de saltar fuera del hoyo con todas sus fuerzas. Las otras seguían insistiendo en que sus esfuerzos serían inútiles.

Finalmente, una de las ranas puso atención a lo que las demás decían y se rindió. Ella se desplomó y murió. La otra rana continuó saltando tan fuerte como le era posible. Una vez más, la multitud de ranas le gritaba y le hacían señas para que dejara de sufrir y que simplemente se dispusiera a morir, ya que no tenía sentido seguir luchando. Pero la rana saltaba cada vez con más fuerza hasta que finalmente logró salir del hoyo. Cuando salió, las otras ranas le dijeron: «Nos gusta que hayas logrado salir, a pesar de lo que te gritamos». La rana les explicó que era sorda, y pensó que las demás la estaban animando a esforzarse más y salir del pozo.

No eres un receptor frío y estático de las cosas que te rodean. Los humanos procesamos la información de manera activa y, en cierto sentido, creamos nuestra propia realidad. Los estímulos que te llegan de fuera para alcanzar tu núcleo central deben pasar por un gran número de esquemas y marcos conceptuales que has desarrollado durante tu vida. Por ejemplo, puedes haber creado la «teoría» de que no eres simpático ni interesante y que, por lo tanto, los demás se aburren contigo. Esta creencia te activará las alarmas y desarrollarás una atención focalizada para detectar cualquier forma de «rechazo», como gestos, miradas, inflexión de voz, silencios, y así. Entonces, cuando estés en una reunión con un grupo de personas se activará el periscopio y empezarás a estudiar de qué forma interactúan contigo y, como ya estás predispuesto a creer que te harán a un lado, sacarás interpretaciones erróneas de todo tipo: «Me miró mal», «No me sonríe», «Me dice "sí" de mala gana» o «Habla conmigo y está pensando en otra cosa», entre muchas otras. Si eres una persona insegura en las relaciones interpersonales, verás ataques, menosprecios y malquerencias que por lo general solo existen en tu cabeza. Te pasarás el tiempo esquivando ofensas que solo tú descubres. En otras palabras, cuando alguien se dirige a ti, si posees un esquema de *inadecuación o desaprobación social*, sesgarás la información que llega a tu cerebro negativamente para confirmar que eres un inepto social. Así de ilógica puede ser la mente. Podrás confundir una felicitación sincera con una actitud falsa; o una sonrisa con una mueca. En el cuento citado antes, la rana imaginó que las demás la alentaban, y eso la motivó a salir adelante. Si eres vulnerable al qué dirán, estarás tan pendiente de la gente que te olvidarás de ti mismo. Cuando realmente no te importe lo que opinan de ti, entonces no sabrás si te quieren, te admiran o les caes mal. Tu respuesta será pura libertad emocional: «No tengo idea de lo que piensan de mí, ni me interesa». Y punto.

Dar un golpe de Estado a la moda

Aceptemos, tal como afirman los sociólogos, que la moda va más allá de la estética y destaca las sensibilidades de una época. Aceptemos esto y mucho más... Sin embargo, ¡cuánta estupidez y cansancio produce que te quieran meter hasta por las narices y al precio que sea la última tendencia! ¡Cuánta presión y adoctrinamiento para que aceptemos que el «estar a la moda» nos dará ese toque de distinción necesario para llamar la atención y mostrar un buen estatus! Cuando alguien pregunta: «¿Que se lleva este verano o este otoño?», está intentado saber cómo deberá vestirse para no desentonar. Estar uniformado o uniformada con lo que está en boga te hace entrar en la «familia» de tal o cual marca.

Hace poco estaba en una tienda de ropa femenina y pude observar a una mujer de mediana edad que estaba probándose un vestido que no le quedaba bien. Le ajustaba demasiado y los hombros estaban caídos. La impresión que daba era que estaba mal elaborado. La señora apenas podía moverse embutida en el atuendo, que más parecía una camisa de fuerza. En un momento dado dijo, mirándose al espejo: «No sé, me veo rara, me aprieta demasiado en la cintura y las mangas son muy anchas... No sé...». La empleada de inmediato sacó el principal argumento que suelen utilizar los vendedores: «Es de la última colección». Eso no pareció convencer a la potencial compradora. Entonces la empleada insistió: «Es lo que se está usando». Lo repitió varias veces, y de pronto a la mujer le cambió la mirada como si el mensaje hubiera penetrado muy hondo en su cerebro; su expresión de desagrado comenzó a tornarse más benévola. Finalmente se lo llevó, no puesto, afortunadamente, porque necesitaba mucho arreglo. Algo similar ocurre con la moda *oversize* («demasiado grande» en español), que incluye chaquetas, pantalones, bolsos, vaqueros, y demás. Es como pasar de pronto a un mundo «XXL» que a no todos les queda bien ni lo disfrutan de verdad. Hace poco entré en un local para comprar una chaqueta y me trajeron una gigantesca *oversize*. En cuanto me la puse me sentí como un espantapájaros, y la impresión que tuve fue que mi cuerpo se transformaba para mal. No soy un hombre joven, pero el vendedor insistía en que me quedaba «divina». Había otra gente en el lugar, y una señora empezó a decirme disimuladamente «no» con la cabeza, o eso me pareció, quizá proyecté afuera lo que pasaba por mi mente. Le dije al vendedor: «No, gracias». Y me respondió en un tono cortés: «Usted se lo pierde». Nunca más volví al lugar.

La gente que es adicta a la moda o muy vulnerable a ella debería tener conciencia y no meterse en la boca del lobo (por ejemplo, entrar a Prada con la tarjeta de crédito). Algo similar a lo que hacen las personas bebedoras cuando aplican autocontrol: ni siquiera pasan por la puerta de un bar, y si lo hacen, salen corriendo y no entran.

Mostrar el lujo para que sepan «cuánto valgo»

En casi todas partes del mundo es común ver en las cafeterías, salones de té, restaurantes o reuniones sociales, escenas como las que describiré a continuación, en las que se mezclan la moda, el lujo y las ganas de aparentar. Un hombre gesticulando, especialmente con el brazo en el que lleva un Rolex de oro que deslumbra por el brillo y no pasa desapercibido (aunque los *smartphones* están desplazando los relojes, todavía mucha gente los usa). A medida que el sujeto va hablando, la manga de la chaqueta se le sube cada vez más hasta dejar claro: «Este soy yo». Como si hubiera un principio que dijera: «Detrás de todo gran reloj, hay un gran hombre». Mientras esto ocurre, algunos toman nota de cualquier cosa, que no requiere escribirse, con tal de mostrar su Montblanc.

Otro ejemplo que ocurre con frecuencia. Una mujer llega a saludar a otra, se sienta y lo primero que pone en la mesa es su bolso de la última colección de Louis Vuitton, Hermès o Loewe. No importa que obstaculice la comunicación y que tengan que inclinar, subir o bajar la cabeza para poder mirarse, queda constatado el hecho de que la que se exhibe tiene clase. Igual que en el caso del reloj:

«Detrás de todo gran bolso, hay una gran mujer». Habrás visto la cantidad de fotos que la gente sube a Instagram, donde los que aparecen en la imagen ponen en primer plano, sin ningún tipo de disimulo, un objeto de marca que demuestre su incorporación al grupo de los elegidos.

Tengo una amiga que cuando va a Barcelona no toma taxi para ahorrarse dinero. Llega a la plaza de Cataluña en bus con dos enormes maletas, camina un montón de calles y se instala en un hostal de mala muerte. Todo esto para ahorrar. Pero luego, cuando camina por el paseo de Gracia, se gasta dos mil euros o más en un par de zapatos Jimmy Choo. Cuando se los pone, su cara muestra tanta felicidad que, si te parecen horribles, no puedes hacer otra cosa que decir que son muy bonitos, a lo cual ella suele responder: «¡Pues claro, son de Choo!».

Para que medites sobre esto

Cuando empiezas a pensar: «Si no tengo esto o aquello, no soy feliz», el apego ha entrado en tu vida, se trate de un objeto, una actividad o una persona. *Necesitar* («Sin esto no puedo vivir») te empuja al consumismo alocado. En cambio, la palabra *preferir* te suelta más («Me gusta, pero si no lo tengo, mi vida sigue igual») y deja espacio para la reflexión: no obras por impulso y sacas a relucir el ser pensante que llevas dentro.

Plantarle cara al consumismo

Además del último grito, está la obsolescencia programada, es decir, lo que se fabrica con fecha de caducidad pudiendo hacerlo más duradero. Muchas personas intentan cambiar su vestuario o sus enseres domésticos, gastando lo que no tienen, para «actualizar» su guardarropa o su casa y estar de acuerdo con las directrices de los diseñadores que marcan la apariencia. ¿No es absurdo que alguien desconocido te diga qué tienes que ponerte o cómo organizar tu espacio?

No digo que se deba rechazar todo lo que te ofrece la moda: *cuando esta coincida con tu gusto, serás tú quien elige la prenda y no ella a ti.* Entonces no imitas, optas. Y qué maravilla: «¡La moda coincide contigo!». No te dejas absorber por el consumismo, pones en marcha el motor interior y decides. Tu individualidad no se vende ni se compra.

A manera de resumen, citaré una frase del filósofo y sociólogo francés Baudrillard, que resume el núcleo duro de la cuestión (léelo y trata de ver si te identificas con algo de lo que afirma):

Como ya no es posible definirse por la propia existencia, solo queda por hacer un acto de apariencias sin preocuparse por ser, ni siquiera por ser visto. Ya no: existo, estoy aquí; sino: soy visible, soy imagen —*¡look, look!*—. Ni siquiera narcisismo, sino una extroversión sin profundidad, una especie de ingenuidad publicitaria en la cual cada uno se convierte en empresario de su propia apariencia.

Es natural que uno deba gustarse cuando se mira a un espejo. La autoimagen implica no solo el aspecto físico, sino también cómo te arreglas y decoras tu cuerpo. Para una persona con un buen autoconcepto, pesa más inventar la moda personal que seguirla. Si vestirte a la usanza aumenta tu autoestima, ¿qué pasa cuando te desvistes? ¿Dejas de quererte a ti mismo?

Prueba algo. Busca un vestuario que te guste, déjate llevar por la intuición más honesta, rompe moldes y salte de lo ordinario y de la costumbre: usa un sobrero pasado de moda, gafas estrambóticas, peinado fuera de toda convención, y así. Decórate como te dé la gana. Mezcla colores, rayas, lunares y lo antiguo con lo moderno, es decir: haz un cóctel que te agrade y sea radicalmente propio. Empieza a llevarlo durante unas semanas, trata de hacer variaciones sobre ese estilo que inventaste y sal a la calle mostrando tu nuevo *look*, con amigos y demás. Al cabo de un tiempo notarás algo increíble: más de uno empezará a copiarte. Sin darte cuenta habrás marcado una tendencia en tu entorno. ¿Qué fácil, no?

─────────Ejercicio: En busca de Apfel─────────

Busca un artículo de *Vanity Fair* con la siguiente frase: «Iris Apfel, 94 años: "Hago lo que me apetece"».[7] Que te sirva de inicio para investigar más sobre esta interesante mujer.

7. <https://www.revistavanityfair.es/lujo/articulos/iris-apfel-icono-de-esrilo-hago-lo-que-me-apetece/21915>.

Para que lo tengas como referencia, la Real Academia Española define *consumismo* de la siguiente manera: «Tendencia inmoderada a adquirir, gastar o consumir bienes, no siempre necesarios». «Inmoderado» significa que has perdido el control y «no siempre necesarios» indica que podrías prescindir de ellos y no pasaría nada preocupante en tu vida. Es lo más parecido a una patología.

———Ejercicio: Tú tienes la última palabra———

Cuando tomas una decisión de manera reflexiva, adquieres el control, los condicionamientos pesan menos y te haces dueño de ti mismo. Como viste en la primera parte: la autodirección hará que no te lleven de las narices de aquí para allá como un fantoche. De vez en cuando, repítete, como si se tratara de un mantra: «Sobre mí decido yo». Por ejemplo, si pasas por una vitrina y ves una prenda que te atrae, no salgas corriendo a comprarla, primero enfría la mente. Da una vuelta a la manzana a paso lento o tómate un café antes de entrar. Párate frente a la prenda y pregúntate: «¿La necesito?», «¿Dispongo del dinero?», «¿Lo que me atrae es la decoración del lugar?», «¿La anorexia del maniquí?», «¿Me gusta de verdad o me dejo llevar como una víctima al matadero del consumismo?». Posiciónate. Que el autoexamen te lleve del control externo al interno. No obres por impulso, no aceptes el adoctrinamiento, decide tú en pleno uso de tus facultades. De tal manera que, si finalmente realizas la compra, que esta haya sido por tu elección soberana.

Que prime tu criterio: me gusta su color, el diseño, creo que me puede quedar bien, se acopla a mi estilo, porque me da la gana o cualquier otra cosa. Que sea tu preferencia la que elija y no el *marketing* que rodea la indumentaria. Que algo esté de moda no quiere decir que lo necesites.

La importancia del pensamiento crítico

Con la influencia de los medios de comunicación, el bombardeo de la publicidad, el tsunami del *marketing*, las redes y toda la tecnología asociada, cada día pensamos menos de manera consciente: el «darse cuenta» se está atrofiando. Reflexionar, para mucha gente, es un agobio, una carga que hay que evitar o reducir a toda costa. El día que nos reemplacen los cíborgs, será precisamente por el déficit cognitivo que resulta de utilizar cada vez menos nuestra capacidad de análisis y revisión de la información.

John Lennon decía: «La vida es aquello que te pasa mientras estás ocupado haciendo otros planes». Y hace casi dos mil años, Séneca afirmaba algo similar: «Mientras se espera vivir, la vida pasa...». Cuando andas como un autómata, la realidad pasa por tu lado, te toca las narices y ni te das por enterado. Tu mente entra en un estado zombi y se desconecta de las neuronas que la sustentan, tu cociente intelectual empieza a declinar y un gesto bobalicón se apodera de ti.

Para que medites sobre esto

No lo subestimes, es muy importante

La palabra *inteligencia* proviene del latín *intellegere*, término compuesto de *inter*: «entre», y *legere*: «leer, escoger». La inteligencia permite entonces *elegir las mejores opciones para resolver una cuestión*. Es decir, si no seleccionas la información que llega a tu cerebro, porque «todo te da lo mismo» o porque no has aprendido a hacerlo, la ignorancia echará raíces, y tu *intellegere* habrá empezado a fallar. Sin pensamiento crítico (examinador, evaluativo, reflexivo), serás un títere al que dirigen. Si no puedes pensar por tus propios medios, el poder de turno tomará las decisiones por ti. Hay que tener el valor suficiente de que el proceso del pensamiento se someta a nuestra voluntad individual.

Presta atención a esto. El filósofo Kant utilizó una expresión latina en sus escritos que posiblemente encuentres en varios textos o cuando navegues por internet: «*Sapere aude*», cuyo significado puede traducirse como «atrévete a saber», «atrévete a pensar», «ten el valor de servirte de tu propia razón». Como veremos más adelante, cuando entras en una zona de confort, la pereza y la comodidad adormecen tu mente (no dispondrás de la energía necesaria para ser crítico), y si eres una persona insegura o te envuelve el miedo a equivocarte, dejarás tristemente que otros piensen por ti. Con el tiempo empezarás a generar una inmadurez intelectual y un retroceso en tus habilidades cognitivas que te impedirá ejercer oposición al adoctrinamiento y la manipulación.

Veamos cómo lo explica Kant en un fragmento del ensayo *Qué es la ilustración* (no lo pases de largo, te ayudará a comprender mejor el tema en cuestión):

La Ilustración es la liberación del ser humano de su culpable incapacidad. **La incapacidad significa la imposibilidad de servirse de su inteligencia sin la guía de otro.** Esta incapacidad es culpable porque su causa no reside en la falta de inteligencia, **sino de decisión y valor para servirse por sí mismo de ella sin la tutela de otro.** *¡Sapere aude!* ¡Ten el valor de servirte de tu propia razón! He aquí el lema de la Ilustración. *(Las negritas son mías).*

Insisto: que la razón trabaje para ti y no al servicio de los que quieren estrujarte y sacar provecho de tu persona.

¿Qué puedes hacer para salvar tu singularidad en una sociedad que te empuja a marchar en masa? Dejar que tu verdadera personalidad se manifieste sin vergüenza (mientras no le hagas daño a nadie, directa o indirectamente). Esto no siempre es fácil porque, tal como vimos, en ciertos lugares «pensar por sí mismo» es considerado una falta de respeto. Hasta no hace mucho (yo fui víctima de ello), en algunos colegios de Latinoamérica especialmente estrictos (sé de colegios que aún lo practican), antes de entrar a clase pedían a los alumnos que hicieran una fila y extendieran su brazo hasta tocar el hombro del que estaba adelante, bajo la consigna: «Guarden distancia, ¡ya!». La idea era que obedecieran esa orden marcial y funcionaran como una colmena. Y ay de quien no lo hiciera bien u osara cuestionar o preguntar lo que no se podía preguntar. Lo que perseguía el método era igualarnos, eliminar cualquier intento de que aflorara la individualidad. Aglutinarnos era mejor, porque anulaban la inquietud personal. Mejor enjaular la razón y las ansias de saber.

Entonces la clave para no apagar tu mente y dejarte llevar por la sugestión de lo colectivo es mantener activado todo el tiempo un pensamiento que no trague con todo y que opine: *no solo estar en el mundo pasivamente, sino indagar y querer saber más.* Por ejemplo:

— Dudar del bombardeo de estímulos al cual estás sometido.
— No tenerle miedo a la apertura mental ni a equivocarse.
— Identificar cómo se relacionan las cosas.
— Hacer inferencias razonadas y razonables.
— Descentrarte y reconocer otros puntos de vista de manera relajada, porque lo que te interesa no es «ganar», sino saber hasta qué punto estás en lo cierto.
— Estar atento a los cambios y a lo que ocurre a tu alrededor.
— Considerar las evidencias a favor o en contra antes de tomar una decisión.
— Poner a prueba tus conclusiones.
— Discrepar de los modelos de autoridad cuando así lo consideres, sin culpa ni arrepentimiento.

La clave es ser menos crédulo y seguir la consigna que Whitman sugería en un poema a los Estados para no ser dominados: *resistan mucho, obedezcan poco.*

En otras palabras, pregunta y pregúntate dos cosas: «¿Qué quieren?» y «¿Qué quiero?». Lo importante es que hayas creado un punto de alerta que se dispare cuando sientas que atacan tu singularidad, te prohíben pensar como quisieras o peligra tu autonomía. En ese momento pasas de un modo relax a un modo autárquico (tomar el control y gobernarte a ti mismo).

Consumidores críticos

Un ejemplo interesante es el de los «consumidores críticos de alimentos» que promueve la Academia Española de Nutrición y Dietética. Se pretende que a través de la divulgación científica la gente tenga acceso a información veraz y no se deje llevar por mitos y mentiras que enferman. Cuando una persona aprende los principios y a leer las etiquetas según lo que le enseñaron, crea un esquema de selección fundamentado y no hay quien la engañe. Toma tu decisión, la propia. ¿Y si en la etiqueta las descripciones están incompletas y no son suficientemente satisfactorias? Pues no pondrás en peligro tu salud y buscarás otro producto que te brinde los datos que estás buscando. Cuando has creado esa estructura de conocimiento sólida y bien sustentada, no hay publicidad que te convenza de lo contrario. El pensamiento mágico y la ignorancia quedarán fuera. La consecuencia será una nutrición consciente y autodirigida que fortalecerá el empoderamiento de los clientes. Habrán desarrollado, como decían los antiguos griegos y afirmaba el filósofo Foucault, *el cuidado de sí*.

—Ejercicio: ¿Cuántas cosas necesitas realmente?—

Sócrates dio un giro de ciento ochenta grados a los valores tradicionales. Según él, lo auténtico no estaba en las cosas materiales. Esto no quiere decir que haya que despreciar radicalmente todos los valores que llegan de afuera; lo que significa es que hay que darles un buen uso para que no se conviertan en antivalores o en adicción. El desprendimiento de Sócrates por las motivaciones externas queda bien ejemplificado en su posición frente al consumismo y la necesidad de aprobación. Cuentan que cuando veía la cantidad de cosas que se ofrecían en los diferentes puntos de ventas, revisaba minuciosamente los productos ahí exhibidos y se decía a sí mismo con sorpresa: «¡Cuantas cosas hay que no necesito!».

¿Serías capaz de hacer este ejercicio? Sales un día cualquiera y te metes en un centro comercial para que los vendedores te seduzcan. Pero a diferencia de lo que sueles hacer cuando vas de compras, en vez de ceder al pequeño consumista que hay en ti, fija tu atención en lo que no te sirve, en aquello de lo que podrías prescindir sin que afecte a tu vida en lo fundamental, en lo que consideras inútil, peligroso o absurdo. Compra un cuaderno (recomiendo uno bastante grande) y procede entonces a confeccionar un listado de lo que honestamente no necesitas. Media hora basta, porque no tiene sentido llenar tantas páginas. Después siéntate y revisa con cuidado tu lista de «inutilidades». Y siendo consciente de lo que acabas de hacer, admírate de todo lo que no compraste. Disfruta y felicítate por no haber caído en la trampa de la compra compulsiva.

Para que medites sobre esto

El consumismo ha existido desde siempre, y en cada época parece haber tenido, al menos, dos efectos básicos sobre las personas, además de enriquecer a algunos. Oscar Wilde, hace más de cien años, escribió:

- Vivimos en una época en la que las cosas innecesarias son las únicas necesarias.
- Hoy en día la gente conoce el precio de todo y el valor de nada.

Parece cierto, ¿verdad? Cuando ves que un bolso o unos zapatos de marca pueden llegar a costar hasta treinta mil o cuarenta mil euros, está claro que estamos comprando «lujo», «estilo» y «estatus», es decir: formas de alimentar un «yo» que no se basta a sí mismo. Es engordar el ego.

PARTE IV

NO PERMITAS QUE TE APLASTEN LAS MENTES RÍGIDAS Y CONFORMISTAS: ÁBRETE A LO NUEVO Y REINVÉNTATE COMO MEJOR TE PAREZCA

> No hay nada más peligroso que una idea,
> cuando es la única que se tiene.
>
> ALAIN (ÉMILE CHARTIER)

¿Cómo puedes vivir bien si no te renuevas a ti mismo, si no te sacudes aquellos esquemas costumbristas que son dañinos para ti o para otros? Las personas apegadas al pasado, para evitar una consecuencia negativa a la cual temen (que todo se ponga patas arriba debido al cambio), se van hacia el otro extremo (que nada se modifique por ninguna razón) y te amarran cognitiva y emocionalmente para que no te salgas del patrón establecido. Te dicen: «Puedes investigar y proponer cambios en tu vida y en el mundo, pero sin salirte de ciertos límites y bajo el control de quienes "saben" qué es lo conveniente». Tener límites no está mal en sí mismo, y casi siempre son necesarios porque modelan la libertad común y apelan a nuestra responsabilidad, el problema es que a veces suelen ser tan restringidos e interesados que impiden o dificultan demasiado una verdadera transformación.

Si empiezas tu propia revolución psicológica y emocional, es decir, si decides salirte de la manera tradicional de ver el mundo (reestructurar tus esquemas) y buscar además una mejor versión de ti mismo, muchos empezarán a preocuparse porque podría ocurrir un efecto dominó y otras personas empezarían a comportarse de igual manera. Si accedes sin rechistar a las indicaciones sociales y culturales de cómo debes ser y pensar, te colgarán un cartel que diga: «Ciudadano bien acoplado y fácil de manejar». Si por el contrario decides seguir con tu camino, preguntarte y preguntar por qué las cosas son así y no de otra manera, el cartel dirá: «No acercarse: persona inconformista y poco recomendable, posiblemente contagiosa». No digo que andes por ahí criticándolo todo, producto de una insatisfacción crónica o saltándote las leyes que nos hemos dado en democracia porque sí; lo que te propongo es eliminar la idea de que es más seguro y correcto dejar todo como está, tú incluido.

Cuando se nos ha prohibido indagar «más allá de lo debido», solemos repetir un ritual socialmente aceptado sin tener la menor idea de por qué lo hacemos o de dónde proviene. Pensamos: «Si está ahí, por algo será», y lo incorporamos a nuestro repertorio cognitivo y conductual como lógicamente correcto. Veamos un pequeño relato que explica lo que quiero decir.

El gato sagrado

Cuando cada tarde se sentaba el maestro zen para las prácticas del culto, siempre andaba por allí el gato del monasterio distrayendo a los fieles. De manera que ordenó que se atara al gato en cada culto de la tarde para que no molestara.

Esto se hizo regularmente hasta que el maestro falleció años más tarde. Sin embargo, continuaron atando al gato durante la sesión de meditación. Y cuando, a la larga, el gato murió, trajeron otro gato al monasterio para poder atarlo en el culto vespertino.

Siglos más tarde, eruditos descendientes del maestro zen escribieron sesudos tratados acerca del importante papel que desempeña el gato para la práctica de la meditación.

En las mentes altamente conservadoras, el tiempo se congela y se niega cualquier cambio sustancial. ¿La causa? Un virus que se instala en el núcleo duro de la mente y puede llegar a convertirse en un antivalor que nos impide crecer y avanzar como personas y sociedad: *la resistencia al cambio.*

Para que medites sobre esto

Hay gente inmovilista que vive aferrada a los viejos hábitos y con las mismas ideas de siempre. En más de una ocasión me he encontrado con personas que no veía hacía años que parecían mentalmente momificadas: los mismos chistes, las mismas preocupaciones, hasta el peinado y la ropa seguían siendo idénticos.

Estos individuos permanecen atrapados en un conjunto de reglas que les impiden movilizarse interna y externamente. Actúan como carceleros de su propia existencia y muchas veces haciendo de la rigidez un

---

modo de vida. Un político que era diputado en el Congreso de su país y pertenecía a la comisión que estaba tratando el tema del matrimonio entre homosexuales, en cierta ocasión, me dijo: «No he podido aceptar que la gente del mismo sexo se case, no lo veo claro. En el arca de Noé todas las parejas de animales que se salvaron eran de sexo distinto, por algo habrá sido así, ¿no?». Cambié de tema.

Es evidente que muchas costumbres y normas sociales cumplen la función de facilitar la convivencia y mantener el orden social. Además hay tradiciones especialmente significativas que nos conectan con nuestras raíces y otras que simplemente deben ejecutarse por respeto a los demás, obviamente, si no afectan a nuestros principios (por ejemplo, quitarse los zapatos antes de entrar a una casa en Japón no creo que te genere un conflicto ético). El problema es cuando ciertos hábitos y comportamientos sociales se convierten en fundamentalistas (exigencia fanática a apegarse a una doctrina con la prohibición de revisarla), dogmáticos (creencia de que no hay otra verdad posible que la que se posee o acepta) y oscurantistas (oposición a la expansión, divulgación y transmisión del progreso y el conocimiento), aunque sean solapados. Si tienes instalada en tu cerebro cualquiera de las tres actitudes señaladas (con una es suficiente), te estancarás psicológica y emocionalmente y tu mente estará aprisionada.

Cuando perteneces a un grupo fuertemente consolidado por sus creencias y te sales del paradigma establecido, de inmediato se disparan las alarmas. Ni que hablar si se trata de la familia. Veamos parte de una conversación que sostuve con una paciente, una mujer recién casada, que mantenía una controversia con su entorno familiar sobre el tema de la maternidad. /

- **Paciente (P.):** Sabía que mi familia era tradicionalista y conservadora, pero nunca pensé que fueran tan cerrados de mente. Todo empezó en la fiesta de cumpleaños de los sesenta años de papá. Yo hacía dos meses que me había casado, había mucha gente (mi abuelo tuvo quince hijos) y, cuando mi padre tomó el micrófono y agradeció el festejo, se dirigió a mí y me dijo que esperaba pronto ser abuelo. Todos aplaudieron y me pidieron que subiera al escenario. Fui, lo abracé y gritaban: «¡Que hable, que hable!». Yo no soy muy buena para hablar en público, pero me animé y empezó todo el enredo. Lo felicité y luego dije lo que en verdad pensaba: «No quiero ser madre, no me gusta, no va conmigo, me quitaría tiempo y tengo otros proyectos de vida». Y agregué: «No tendrás un nieto, pero me tienes a mí...».
- **Terapeuta (T.):** ¿Cómo reaccionó el auditorio?
- **P.:** Silencio absoluto.
- **T.:** ¿Y tu padre?
- **P.:** Me miraba con la boca abierta. Yo sé que no debería haberlo anunciado en público, pero tampoco es para tanto...
- **T.:** ¿Tu marido estaba ahí presente? ¿Él comparte esa decisión de no tener hijos?

- **P.:** Totalmente...
- **T.:** ¿Qué pasó después?
- **P.:** Al día siguiente, mi teléfono no dejó de sonar: tíos y tías, mis abuelos, mi madre, mi suegra y mi suegro y mis primos... Imagínese, ¡son de mi edad! El mayor debe de tener veintisiete años. Todos me daban consejos para que cambiara de opinión.
- **T.:** ¿Qué más te decían?
- **P.:** Que nunca me iba a realizar como mujer y con el tiempo me arrepentiría porque nuestra familia se había caracterizado por tener mucha descendencia. Insistían en que no era normal... Eso siguió por varias semanas, con menos intensidad, pero siguió... Y fue cuando decidí venir aquí.
- **T.:** ¿Qué esperas de estas citas?
- **P.:** No sé, hablar con alguien... Es que estoy indignada y desilusionada con todos...
- **T.:** *(Silencio.)*
- **P.:** He bajado de peso y tengo insomnio... También he evitado ir a las reuniones familiares.
- **T.:** Yo puedo ayudarte, pero lo que te espera no es fácil. Te estás oponiendo a dos tradiciones: una familiar, la costumbre de tener muchos hijos, y otra más general, que viene de siglos: «La mayor autorrealización para una mujer es tener hijos. La maternidad es el sello de la feminidad».
- **P.:** Sí, es verdad, pero no voy a tener hijos... Quiero que me ayude a manejarlo lo mejor posible.

Mi paciente había roto el molde. Se salió del rol asignado y decidió hacer lo que le dictaba su parecer, así fuera en contra de las costumbres imperantes en su entorno. En un momento dado, tuve una conversación con sus padres y el argumento que esgrimieron fue el mismo: «La misión de la mujer es tener hijos». Finalmente no tuvieron más remedio que aceptar la decisión de su hija (aunque me confiaron que nunca perderían la esperanza). En el grupo familiar se formaron dos corrientes: la de siempre (donde estaban todos), hay que tener hijos como sea, y la de mi paciente (donde estaba ella sola), para quien la maternidad no era una obligación moral ni un designio cósmico, sino una elección individual. Por si quedaran dudas, mi evaluación dejó claro que su decisión la tomaba en pleno uso de sus facultades mentales y no debido a ningún trauma o patología oculta, como sugirieron algunos familiares y otras personas cercanas.

El cambio solo es posible si te liberas de la obediencia ciega al pasado y de cualquier imposición irracional. Insisto, no todo lo que te rodea es malo; sin embargo, hay cosas que no te dejan otra opción que objetarlas si quieres ser como eres.

EJERCICIOS Y RECOMENDACIONES PARA VENCER LA RESISTENCIA AL CAMBIO: CUATRO ANTÍDOTOS QUE TE SACARÁN DEL INMOVILISMO

¿Por qué nos cuesta tanto cambiar?
1: la mente es testaruda y perezosa
(economía cognitiva)

La mente humana tiende a ser conservadora y tozuda en su manera de procesar la información. Cuando almacenas en la memoria una teoría o una idea determinada sobre algo o alguien y se asienta en tu base de datos, quitarla no será nada fácil.

Las experiencias y el conocimiento que adquieres acerca de ti mismo y del mundo los guardas en esquemas que son relativamente estables y tienden a mantenerse y resistirse al cambio. Incluso cuando la evidencia en contra es irrefutable (piensa en los sacerdotes que se negaron a mirar por el telescopio que había construido Galileo Galilei porque defendían que la Tierra era el «centro del universo»). Tengo una amiga que cree ciegamente en la astrología, y le regalé tres libros que rebaten el poder de predicción de los astros con datos obtenidos de investigaciones científicas rigurosas. La evidencia en esto es abrumadora. Después de un mes todavía los tenía en la mesita de noche sin abrir, envueltos en el celofán. Cuando le pregunté por qué no los había leído, me respondió: «No confío en la gente de mentalidad cerrada». Mejor no mirar, mejor no enterarse, no vaya a ser que uno esté equivocado.

El principio de la economía cognitiva es como sigue: una vez que la mente crea una creencia y se adhiere a ella, esta será defendida de manera vehemente por la persona debido a que *es menos gasto para el sistema mental confirmar la información que ya se tiene almacenada que desconfirmarla*.

Lo estúpido, absurdo e irracional es que perpetuamos todas nuestras creencias con el mismo ahínco, sean negativas o positivas, lógicas o absurdas. Da igual. Si te educaron con la idea de que eres feo, incapaz o un fracasado en potencia, tu tendencia no consciente será confirmar y mantener el rótulo que te colgaron. Lo más seguro es que a nivel consciente quieras eliminar el estigma, pero no será sencillo, porque, como dije: existe una predisposición a conservar lo que ya se almacenó en tu memoria.

————Ejercicio: El profesor racista————

Analiza el siguiente caso imaginario para entender por qué nos cuesta tanto cambiar y desapegarnos de nuestras costumbres mentales. Trata luego de buscar alguna situación de tu vida en la cual defiendas tercamente una posición o una idea, aunque dudes de que tengas razón. Busca identificar si actúas como el personaje que sigue.

Supongamos que un profesor racista está convencido de que los estudiantes negros son menos inteligentes que los blancos y resulta que en los últimos exámenes las calificaciones más altas correspondieron a los estudiantes negros. Como consecuencia de lo anterior, su mente entrará en una fuerte contradicción, ya que los hechos no concuerdan con la expectativa generada por su esquema segregacionista y discriminatorio. Es posible que se diga a sí mismo: «¡No puede ser, los estudiantes blancos obtuvieron las notas más bajas!». Para resolver el conflicto, el hombre tiene, al menos, tres opciones:

a) Revisar la creencia y reemplazarla por otra: «Los alumnos negros son tanto o más inteligentes que los alumnos blancos».

b) Calibrar su paradigma o crear una excepción a la regla: «No todos los alumnos negros son menos inteligentes que los alumnos blancos».

c) Negarse a revisar la creencia o buscar excusas: «Con

seguridad hicieron trampa», «El examen era demasiado fácil» o «Fue pura suerte».

Lo sorprendente es que la mayoría de los humanos elegimos la opción *c*.

Si el profesor racista decidiera ubicarse en el punto *a* y modificar de manera radical su esquema prejuicioso, ello entrañaría un esfuerzo considerable, de manera similar a cuando formateamos un disco duro. Para que la revisión de la idea discriminatoria se hiciera de manera adecuada, debería incluir un paquete completo de modificaciones, como, por ejemplo, dejar de frecuentar amigos racistas, acabar con otras ideas prejuiciosas relacionadas, acercarse a la gente negra y establecer vínculos con ella; en fin, habría que destruir una historia y comenzar a construir otra. Lo que nos enseña la economía cognitiva es que cualquier transformación psicológica o emocional requiere de trabajo y esfuerzo, pero puede hacerse. La gente cambia.

Por otra parte, si el supuesto profesor eligiera como solución el punto *b*, actuaría como el mejor de los reformistas: «Sigo siendo racista, pero no de línea dura... Hay algunos negros que parecen blancos, hay algunos negros que son buenos...». Cambiaría la fachada, pero no el contenido esencial de su manera de pensar. El hombre crearía una especie de subrutina para hacer más «flexible» el esquema. Sin embargo, muchos principios no admiten semejante tibieza ni puntos medios. Definirse como «un poco racista» sería como decir que uno es «un poco asesino». Ubicarse en el punto *b* implicaría entonces mantener el esquema con cierta apariencia de flexibilidad, sin integrar satisfactoriamente la información contradictoria.

Veamos este relato de Anthony de Mello y saca tus conclusiones:

El maestro explicaba a sus discípulos que alcanzarían la iluminación el día en que consiguieran mirar sin interpretar. Ellos pidieron un ejemplo. Y el maestro lo explicó así:

Dos peones camineros católicos se hallaban trabajando justamente delante de un burdel cuando, de pronto, vieron cómo un rabino se deslizaba furtivamente en la casa.

—¿Qué vas a esperar de un rabino? —se dijeron el uno al otro.

Al cabo de un rato, el que entró fue un pastor protestante. Ellos no se sorprendieron: «Qué vas a esperar...».

Entonces entró el párroco católico, que, cubriéndose el rostro con una capa, se deslizó también en el edificio.

—Es terrible, ¿no crees? Una de las chicas debe de estar enferma.

Nota: el hecho de que el cerebro funcione con el principio de economía cognitiva no significa que no se pueda revertir su tendencia autoconfirmatoria. Como verás más adelante, los antídotos contra la resistencia al cambio son muchos y muy efectivos.

¿Por qué nos cuesta tanto cambiar? 2: los miedos personales

Los que temen al cambio suelen decir cosas como: «Déjalo así, mejor no esculques, ¿para qué?», «No molestes tanto», «¿Será que eres un antisistema?» o «Los cambios son peligrosos porque no sabes con qué te vas a encontrar». Son conductas de evitación para que lo nuevo no los embista y ponga a tambalear sus creencias, sean cuales fueren.

Una vez, siendo muy joven, me citaron a una reunión familiar donde estaba mi familia en pleno. Eran como quince. Al llegar me di cuenta de que se trataba de una especie de concilio napolitano, donde yo era el centro y su objetivo era «encauzarme» nuevamente hacia la normalidad, de la cual supuestamente me había desviado. Después de mirarme de pies a cabeza un rato y detenerse en mi camisa floreada, mis pantalones pitillo y mi pelo largo organizado en dos trenzas, dijeron lo que pensaban de mi «preocupante comportamiento». Las preguntas esenciales fueron: «¿Por qué quieres cambiar tanto las cosas?» y «¿A qué se debe esa insatisfacción tan marcada?». Mi familia pensaba que mi actitud rebelde, reflejada en mi manera de vestir, en defender la paz, en escribir poemas, en regalar flores, en hacer huelgas de hambre, en protestar contra la guerra del Vietnam, y así, se explicaba por algún problema de índole psicológico, un descontento sin fundamento o ganas de molestar por molestar. Y luego sentenciaron: «Si sigues así, te va a ir mal». ¿Qué hicieron o qué intentaron hacer? Infundirme *miedo* y que este funcionara como un freno a mi actitud inconformista. Obviamente, no pudieron, y finalmente, al cabo de varios meses, se resignaron a los «desadaptados» de la época e incluso aceptaron de mala gana alguna que otra proclama contracultural.

Mi experiencia es que a medida que la persona va avanzando en el proceso de comprender y asimilar un cambio, va perdiendo el temor a salirse de la tradición y a no dejarse influir por sus portavoces. En un momento dado, el hecho de enfrentar la situación y no escapar hace que el individuo haga una ruptura con todas las enseñanzas antiprogreso que ha recibido durante su vida. Es cuando se produce un despertar, y la inseguridad pasa a un segundo plano.

Para que medites sobre esto

El 1 de diciembre de 1955, Rosa Parks, una costurera afroamericana, en la ciudad de Montgomery, Alabama, tomó un autobús para regresar a su casa después del trabajo. Por aquellos años, lo negros eran sometidos a todo tipo de injusticias, privación de derechos y humillación. Debido a la segregación, había lugares que no podían compartir con los blancos, como restaurantes, cines, escuelas y baños públicos, entre otros muchos. Esta discriminación también existía en el transporte público. Dentro del vehículo había una línea que separaba el espacio en dos: delante se sentaban solo los blancos, y la gente negra iba en la parte de atrás. Todos pagaban el billete por la puerta delantera, pero los afroamericanos debían bajarse y acceder por la puerta trasera. Rosa Parks se sentó ese día en la zona del medio, que podían usar los negros si ningún blanco lo pedía. Cuando el autobús se llenó y subieron unas personas blancas, el conductor le dijo a ella y a otros tres negros que cedieran los asientos a los que acababan de subir. Los otros hicieron caso y se levantaron, pero ella no. Como estaba desobedecien-

---

do la ley, el conductor la amenazó con hacerla arrestar. Ella respondió que bien podía hacerlo. Llegaron los policías y le preguntaron por qué no se levantaba y dejaba de poner problemas, y ella contestó: «Ustedes nos están acorralando por todas partes». Tiempo después diría: «Aquel día estaba fatigada y cansada. Me había hartado de ceder». Vale la pena aclarar que Rosa Parks colaboraba como ayudante en la Asociación Nacional para el Avance de las Personas de Color, y muy posiblemente sus motivaciones iban más allá del mero cansancio. Finalmente, la llevaron a la cárcel durante una noche por «perturbar el orden público», y pagó una multa de catorce dólares para salir en libertad. La cuestión es que lo que ocurrió aquel día se hizo público y el hecho se convirtió en un emblema para los movimientos en defensa de los derechos de la gente negra. Incluso Martin Luther King tomó esa bandera y llevó a cabo multitudinarias protestas en contra de la segregación del transporte durante más de un año. Dicen que algunos de los participantes en esas marchas, cuando les preguntaban cómo se sentían de ir y venir a pie hasta su trabajo, afirmaban: «Mis pies cansados, y mi alma, liberada». Finalmente, el caso de aquella costurera fue tomado en cuenta por la Corte Suprema y el Gobierno de Estados Unidos abolió la segregación en los lugares públicos. Todos tenemos un límite a partir del cual es más fácil que el miedo se desvanezca. Llámese hartazgo o convicción, alguien se animó a romper una norma injusta hecha ley y, aunque las autoridades de todo tipo se resistieron, nada pudieron hacer.

Tres miedos que bloquean el cambio

Aunque los miedos personales al cambio pueden ser muchos, señalaré los tres que considero más representativos.

El primer miedo surge cuando los individuos no creen que serán capaces de adaptarse a lo nuevo, debido a que consideran que no poseen las cualidades o habilidades requeridas para enfrentar lo que les espera. Esta baja autoeficacia puede inmovilizar literalmente a la gente que la padece y generar anticipaciones negativas. Regresa a la primera parte del libro y vuelve a leer el tema «Confía en ti mismo». Fotocopia ese apartado y llévalo contigo a todas partes, haz los ejercicios que allí aparecen, reflexiona y ponte a prueba. Tienes dos opciones: ver la novedad con una mentalidad fatalista o mirarla como una ocasión para avanzar en tu vida. Cualquier proceso de innovación implica actualización, revisarse y aprender nuevas formas de funcionamiento. Cuando estés ante un posible cambio personal en tu vida, debes poner en marcha tres actitudes/estrategias que te ayudarán a encarar cualquier transformación y a vencer el miedo a los imponderables que sugiere el cambio:

- *Crear un compromiso.* Generar una implicación personal con lo nuevo, de tal manera que pienses que el cambio te permitirá mejorar las actividades que tú consideras importantes y aumentar tu satisfacción.
- *Fortalecer la percepción de control.* Actuar con la idea de que sí puedes ejercer una influencia significativa en lo que vendrá, convencerte de que posees la capaci-

dad para afrontar lo desconocido y no darte fácilmente por vencido.

— *Ver el cambio como un reto.* Identificarlo como una oportunidad para el crecimiento. ¿Cómo diablos vas a crecer si solo te quedas en lo conocido? ¿Es incómodo? Pues bienvenido al mundo de los normales. Toma esta frase de Nietzsche como una guía para enfrentar cualquier evento que te genere estrés/incomodidad: «Saca ventaja de las contrariedades; lo que no te mata, te hace más fuerte».

El segundo miedo tiene que ver con la desaprobación social, en el sentido de que si alguien cambia su estilo personal lo señalarán como un tipo extraño, un desadaptado o un loco. Es decir, el temor a separarse de la mayoría o hacer el ridículo. Cierta vez, en una playa de Colombia, estábamos en el mar con unos amigos. A la novia de uno de ellos la atrapó un remolino en el lugar donde estaba, que no era muy profundo. Yo empecé a ver que ella salía y entraba del agua, me miraba, levantaba la mano y volvía hundirse. Yo creí que me saludaba. Al poco tiempo me di cuenta de que estaba pidiendo auxilio, pero lo hacía «de una manera socialmente adecuada», con mesura. Sin gritar, me dijo: «Me ahogo». Yo pegué un grito: «¡Se está ahogando!», y todos corrimos a sacarla del agua. Aunque sea un contrasentido, existe una «moderación extrema». Gente que nunca se sale de los cabales y siempre guarda la compostura para no ser mal vista por los demás. Pero ten en cuenta que si te ríes con mesura, si te enamoras con moderación, si tienes un orgasmo en el «justo medio» o si quieres tener un cambio radical en tu vida sin alterar mucho lo que hay, te parecerás a una planta. El caso de mi amiga es elocuente: ¡ponderación hasta la muerte! A veces hay que excederse, obviamente, sin lastimar a nadie ni lastimarse uno mismo: dar un grito de felicidad, insultar a tu automóvil porque es la tercera vez que no arranca en una semana, saltar de alegría cuando ganas la lotería, aullarle a la luna para jugar a ser el hombre lobo; en fin: ser una persona enérgica, expresiva y vital.

Te dejo esta frase del filósofo y escritor argentino José Ingenieros para que la leas varias veces y te des cuenta de los peligros de quedarte en la rutina y no modificar ningún aspecto fundamental de tu vida por el miedo al qué dirán:

> Los rutinarios razonan con la lógica de los demás. Disciplinados por el deseo ajeno, se encajonan en su casillero social y se catalogan como reclutas en las filas de un regimiento. Son dóciles a la presión del conjunto, maleables bajo el peso de la opinión pública que los achata como un inflexible laminador. Reducidos a vanas sombras, viven del juicio ajeno; se ignoran a sí mismos, limitándose a creerse como los creen los demás.

Impresionante, ¿no?

El tercer miedo al cambio surge cuando la gente piensa que la entrada de lo nuevo afectará profundamente su sentido de vida, porque las creencias y las costumbres que ella posee la definen de manera radical. Por lo general, son mentes dogmáticas y fanáticas, a las que la sola palabra *cambio* les produce terror, ya que no conciben que sus esquemas se puedan poner en duda. Seguro que conoces a alguien que es víctima de una estructura mental ultra-conservadora. Si golpeas una mente flexible, absorbe el golpe; la mente rígida, por el contrario, se agrieta. Si te apegas a tus paradigmas, el cambio te producirá pánico, sencillamente porque no estarás preparado para una reestructuración interior. La consecuencia es la siguiente: sobre ti mandará el pasado, y sobre él construirás el significado de tu existencia.

En cierta ocasión, asistí por curiosidad a una sesión de un grupo que hacía «regresiones» por medio de hipnosis, cuyo fin era acceder a la sabiduría de un maestro ya fallecido. La médium, por decirlo de alguna manera, era la secretaria del líder, que, a su vez, era hipnotizada por él. Después de presenciar varios intentos de contacto con el supuesto médico en «un plano astral», un amigo que me acompañaba, no muy convencido de lo que estaba observando, preguntó: «¿Cómo saben que el supuesto "maestro ancestral" no es un farsante o que la secretaria, de manera no consciente, está diciendo lo que el jefe espera que diga?». De inmediato, el ambiente adquirió un clima de profanación. Mi amigo insistió: «¿No hay *ninguna* posibilidad de que estén equivocados?». La respuesta de los organizadores no se dejó esperar: «Pero ¡lo dijo el maestro desde la otra vida! ¿No alcanza usted a ver la importancia de esto?». Varios dijimos tranquilamente que no. Entonces, la esposa del hipnotizador se paró y dijo en tono ceremonial: «No se trata de un farsante, porque nos hubiéramos dado cuenta... Además, si fuera un estafa, nuestra vida dejaría de tener sentido, porque el maestro nos ha enseñado la misión...». ¿Qué más se podía decir? De haber seguido la confrontación, la reunión hubiera terminado en una guerra santa. Nada haría cambiar a esas personas, porque su sentido de vida dependía de su vinculación con el supuesto maestro que hablaba del más allá. Eliminar esa creencia o modificarla era como producirles una especie de muerte existencial.

Salvando las distancias, los que han leído el Nuevo Testamento recodarán que la crítica que hizo Jesús a los escribas y fariseos, de interpretar y practicar inadecuadamente la ley, generó en ellos el peor de los temores: bajarse del pedestal donde estaban y renunciar a la respetabilidad que se les otorgaba. La «buena nueva», con el señalamiento de que estos sacerdotes no tenían ningún amor a la gente ni compasión por ella, era una verdadera amenaza para su *statu quo* y su sentido de vida. Prefirieron ayudar a crucificar a Jesús que revisar sus paradigmas y privilegios.

Otro ejemplo, religioso como en el anterior caso, pero más literario, es el argumento de la novela de Umberto Eco (y luego la película del mismo nombre) *El nombre de la rosa*, donde empiezan a sucederse una serie de muertes en una abadía en el siglo XIV. Los sacerdotes fallecidos eran envenenados de manera misteriosa. El asesino resultó ser un curita viejo, que pensaba que la única manera de adquirir la salvación era el temor a Dios. Ocurrió que en la biblioteca había un texto apócrifo donde se señalaba la risa como un camino alternativo al miedo para llegar a Dios, que fue pasando de mano en mano. El anciano sacerdote consideró que eso era una ofensa al Señor y asesinaba a los que leían el libro para evitar que se propagara esa idea errónea y peligrosa según él. Su miedo era que desmontaran la fe tal como él la conocía. Cualquier visión alternativa era un riesgo para los creyentes y para el lugar que su persona ocupaba en la Iglesia.

¿Por qué nos cuesta tanto cambiar?
3: la zona de confort

La zona de confort es un espacio mental de comodidad, donde se siente cierta seguridad y control porque todo está organizado para que los riesgos sean mínimos. En esta zona, casi todo es predecible. Los que habitan en ella funcionan con el principio de que es mejor «regular o malo conocido que bueno por conocer». Por ejemplo, una persona puede tener una relación de pareja insustancial, plana y aburrida y, sin embargo, ella considera que al menos es «soportable», ya que no hay agresiones ni estrés marcado. El argumento defensivo es como sigue: «No es la mejor relación del mundo, pero al menos vivo en paz» (y habría que agregar: sin pasión, sin la suficiente alegría y sin motivaciones renovadas).

La paz no es entrar en un estado de hibernación; no eres un oso, eres un ser humano que necesita de metas y algo de oposición para poder crecer. O, dicho de otra forma, si te escondes de los problemas creando un ambiente «a la medida de tus déficits», el sistema inmune emocional y psicológico se deprimirá y no generará anticuerpos. José Ingenieros decía que a la gente fuerte le pasa lo que a las cometas: «Se elevan cuando es mayor el viento que se opone a su ascenso».

En otro caso, imagínate que estás en un trabajo que no te genera ninguna pasión, que es monótono y poco creativo. Día a día haces las mismas cosas, con el mismo jefe y a la misma hora. Ya eres experto en esas prácticas, que se calcan unas a las otras. No es precisamente lo que habías imaginado para ti, pero te has acostumbrado y acomodado al oscuro hueco de la rutina. Si te resignas a ello, tu mente se debilitará, perderás lucidez y te acercarás peligrosamente a la mediocridad, aunque pienses que allí estás a buen resguardo. Te pregunto: ¿y qué pasa entonces con los anhelos que animan o animaban tu ser? ¿Por qué no buscar otra cosa que en verdad te apasione? ¿Por qué no tirar todo por la borda y propiciar un cambio? ¿Por qué no intentarlo al menos? La respuesta es sencilla y preocupante: te has amoldado a lo fácil, ya no quieres incomodarte, has entrado en un estado de «enfriamiento emocional».

Si actúas como en los dos ejemplos arriba expuestos, en la situación que sea, habrás echado raíces en el lugar equivocado. Hay que despertar del letargo. No salir al mundo a «pelear la vida» y ser lo que realmente eres te convertirá en alguien pobre de espíritu. Como sea, el resultado es que si no entras en una «zona de aprendizaje», tu ser no florecerá.

Cuando te encierras en tu refugio, dejas por fuera el sabor de la existencia, con sus pros y sus contras. Entiende esto que te voy a decir: no toda tranquilidad es saludable; si ella es un mecanismo de defensa, te apaga. Quítate la idea absurda del relax permanente. El ser humano necesita de desafíos que lo sacudan y que hagan que sus instintos básicos se disparen. Te pregunto: ¿construiste un refugio o una prisión? Lo triste es que ni siquiera te lo cuestionas y, por el contrario, crees que «todo va bien» o «no va tan mal».

A veces tienen que movernos el suelo para que reaccionemos y de esta manera hacer que nuestra verdadera naturaleza se manifieste. Presta atención al siguiente relato:

"

Los dos halcones

Hace mucho tiempo y en un lejano país, a un rey se le obsequió en su cumpleaños con dos pequeños halcones y los entregó al maestro de caza para que los entrenara.

Pasados unos meses, el instructor le comunicó que uno de los halcones estaba perfectamente educado, había aprendido a volar y a cazar, pero que no sabía qué le sucedía al otro halcón: no se había movido de una rama desde el día de su llegada a palacio, e incluso había que llevarle el alimento hasta allí.

El rey mandó llamar a curanderos y sanadores de todo tipo, pero nadie consiguió hacer volar al ave. El pájaro seguía inmóvil. Viendo esto, hizo un llamamiento a sus súbditos solicitando ayuda, y entonces, cuál sería su sorpresa, al otro día vio al halcón volar ágilmente por los jardines de su palacio.

—Traigan al que hizo este milagro —dijo, y al rato llegó un humilde campesino.

—¿Tú hiciste volar al halcón? ¿Cómo lo lograste? ¿Eres mago, acaso?

El hombre respondió con humildad:

—No fue difícil, su majestad: solo corté la rama. El pájaro se dio cuenta de que tenía alas y se lanzó a volar.

Pregúntate en qué aspectos de tu vida estás como el halcón, aferrado a la rama y sin utilizar tus alas.

Para que medites sobre esto

Un caso personal

Fui profesor universitario durante bastante tiempo y vi salir muchas promociones de psicólogos. A los tres años de dar clases, tuve una crisis respecto a mi actividad como docente que no esperaba. Un día cualquiera, mientras me vestía para ir a la facultad, tomé consciencia de que no había preparado la clase porque ya la sabía. Me di cuenta de que mis apuntes sobre la materia que enseñaba prácticamente eran los mismos de siempre. No me refiero tanto a la desactualización de las investigaciones que aparecen en las revistas de psicología, sino a la falta de ejemplos, casos y anécdotas nuevas. Me repetía. Cada semestre era algo casi idéntico al anterior. Yo cambiaba, mis vivencias me enriquecían, mis aprendizajes me llevaban a crecer como persona, pero todo esto no se veía reflejado en mis cursos. Como educador había creado una zona de confort, quizá por la idea de que «si todo estaba bien, para qué cambiarlo». El temario ya estaba preparado y no debía esforzarme si no ampliaba la temática ni creaba en los estudiantes nuevas dudas y confrontaciones. Mi mente pensaba: «Con lo que enseño es suficiente», y en consecuencia adoptaba una actitud conformista. Cuando descubrí esto, de inmediato decidí modificar la pasividad y salirme de esa zona de confort donde había permanecido. A partir de ese momento, cada vez que me levantaba en el aula sentía que era un desafío más que un hábito recurrente.

Me desconecté del modo automático. Hice a un lado la monotonía y cada clase empezó a ser un mejor aprendizaje para los estudiantes y para mí. Y, sobre todo, descubrí algo que había perdido: empecé a pasármelo bien, a divertirme. Superé un estado que no había sabido leer en mí y cuya presencia indica que ya estás en una zona de confort: el aburrimiento. Si para sentirte seguro necesitas que tu vida se convierta en la película *Atrapado en el tiempo*, incomódate, tumba la puerta y sal al mundo, que el interés y la alegría hagan de las suyas.

No puedes evitar la vida. Cada vez que tropiezas y te levantas, parte de ti progresa. La sociedad de la certeza solo es un espejismo, una ilusión de control que te instala en un sosiego imaginario. Rebélate, pues, contra esta falsa «estabilidad perpetua», que no es otra cosa que una felicidad amañada. Ten en cuenta esto: *un bienestar desabrido y trivial no es bienestar, es resignación.*

Primer antídoto: el valor del esfuerzo

La felicidad y la autorrealización no van a llegar a tu puerta, eres tú quien tiene que salir a buscarlas, crearlas o inventarlas. Es decir, *la transformación personal no se alcanza por ciencia infusa, es más sudor que inspiración, aunque se necesitan ambas.* El cambio incomoda porque requiere de una buena dosis de trabajo, así que, si tu filosofía de vida es la pereza, te hundirás, te irás gastando como una piedra en vez de envejecer.

Cuando un sistema cualquiera, tú incluido, pasa, por ejemplo, de un estado *A* a uno *B*, debe primero desorganizarse para luego organizarse en un contenido distinto. Esta «desconfiguración» inicial es el paso inevitable para que surja una nueva disposición de las partes que integran el conjunto. La transición de un estado a otro (es decir, el cambio) molesta, estresa, fastidia y a veces irrita. Se va de un equilibrio ya establecido a uno distinto; se rompe la serenidad aparente para dar un salto cualitativo, que, si todo va bien, resulta en algo mejor. Cambiar es pasar por un trance y salir de él.

Los incidentes críticos pueden concebirse como una ocasión para mejorar. Los chinos utilizan un carácter gráfico combinado: 危机 *(Wei Ji)*, para representar la palabra *crisis*. El primero es *Wei* y significa «peligro», y el segundo es *ji*, que significa «oportunidad». En castellano el término también adquiere dos significados: *conflicto y transformación*.

Piensa en aquellas cosas que han sido y son importantes en tu vida y verás que nada «cayó del cielo», todas requirieron de cierta perseverancia y consagración. Los que levantan una familia, los que educan a sus hijos, los que estudian una carrera, los que salen a ganarse el pan todos los días, los que practican algún deporte de alta competición o los artistas, solo por poner unos ejemplos, «trabajan en ello». Grábatelo: la verdadera transformación no ocurre en un lecho de rosas o bajo el auspicio de la holgazanería.

Una vez participé en el entrenamiento de un levantador de pesas que luego alcanzaría la medalla de oro en los

Juegos Olímpicos. Me dolía el cuerpo con solo verlo en acción, me maravillaba cómo se inflaban sus músculos y las venas que asomaban por la fuerza que hacía. Su expresión de dolor era evidente al levantar un peso inimaginable que no lograríamos alzar entre dos o tres personas. Cuando le pregunté en una ocasión, después del trajín, qué sentía ante semejante esfuerzo, me respondió: «En realidad se convierte en disfrute porque sé que cuanto más me duela el músculo, más fortaleza adquiere». El filósofo Nietzsche hablaba de una alquimia vital que transforma la miseria en oro o que transmuta el padecimiento en un dolor que sirve de impulso que motiva y refuerza la voluntad de seguir adelante, que incluso permite reinventar una nueva vida para no sucumbir.

Alivio y comodidad patológica

Muchos pacientes van a mi consulta buscando el *alivio* y no la *cura*, que muchas veces suele ser dolorosa y requiere batallar con distintas dificultades. Algunos suelen decirme: «Deme algunos consejos rápidos a ver si salgo del problema». La fórmula mágica, todo resumido y empaquetado para uso inmediato y, eso sí, indoloro (cero riesgo, cero novedad, cero descubrimiento). Pero en la gran mayoría de los casos, la consejería breve no es suficiente, no bastan algunas opiniones consolatorias, se necesita más que una «reforma». Por lo general hay que demoler, limpiar los escombros y volver a construir. Se requiere más una *revolución interior*, parafraseando a Krishnamurti, que un *reformismo*.

Sé que no te gusta saberlo ni llevarlo a la práctica, porque te has acostumbrado a apretar un botón y que todo te llegue al instante. Has perdido algo fundamental para cualquiera que desee avanzar como persona: *manejar el fenómeno de la espera*. Si mandaste un mensaje por Whats-App y no aparece el *doble check* azul indicando que ha sido leído, te desesperas y piensas: «¿Qué estará haciendo?» o «¿Por qué no lee?». Y hay algo peor en los wasaps que se asocia a la indiferencia: ¡que se aparezca el *doble check* azul y no te respondan! Y el problema sigue: como ya es posible quitar el indicador de color y, por lo tanto, no sabrás con certeza si han leído el mensaje o no, la ansiedad se dispara. Las fotos, la publicidad, los videos, la música o las noticias parece que viajan a la velocidad de la luz o son transmitidos en tiempo real: a un clic de distancia. Pero en la vida real, un cambio profundo y bien sustentado requiere tiempo, tenacidad y paciencia, se necesita invertir energía. Lee esta frase del escritor y premio Nobel de Literatura André Gide y saca tus conclusiones: «El secreto de mi felicidad está en no esforzarse por el placer, sino en encontrar el placer en el esfuerzo».

Las situaciones límite: la vaca y los ángeles

El cambio a veces lo hacemos conscientemente y basados en nuestras convicciones más profundas, en otras ocasiones sucede debido a una necesidad que nos empuja, sí o sí, a salirnos de la zona de confort. Veamos un relato.

"

La vaca

Un maestro reconocido por su sabiduría paseaba por un prado alejado de la ciudad con un discípulo, cuando se encontraron con una pequeña vivienda donde la pobreza era evidente. Salieron a recibirlos un hombre, una mujer y cuatro niños vestidos con harapos.

El maestro les preguntó cómo hacían para sobrevivir, ya que no existía en los alrededores dónde trabajar. El señor respondió que tenían una vaca que les daba bastante leche. De allí vendían una parte en un poblado vecino y utilizaban la otra para hacer quesos para su consumo. Después de un rato, el maestro y su acompañante se despidieron y siguieron andando en silencio un buen trecho. El maestro estaba pensativo hasta que de pronto se dirigió al discípulo y le dijo en tono firme: «Ve a por la vaca, llévala hasta el barranco y empújala para que caiga al vacío».

El joven pensó que el maestro había enloquecido. Le recordó que era el único medio de subsistencia que tenían y que matar al animal haría que esa pobre gente se muriera de hambre. Pero solo obtuvo por respuesta la reiteración de su pedido, que ya era una orden. El joven, desconcertado, se fue a cumplir con el mandato. Empujó la vaca por el precipicio y la vio morir.

Unos años después, el discípulo pasaba por allí y decidió volver al lugar a ver qué había pasado con la familia. Todavía se sentía culpable. Cuando llegó al lugar se dio cuenta de que todo había cambiado. La casa estaba restaurada y rodeada por un jardín, donde unos adolescentes corrían limpios y vestidos decentemente. Pensó que allí debían de vivir otras personas, pero cuál sería su sorpresa cuando reconoció que el hombre que salió a reci-

*birlo era el mismo de aquella vez. Admirado, les peguntó cómo
habían hecho para salir de esa pobreza y transformar el lugar.*

*El hombre, con alegría, le respondió: «La vaca que teníamos
se fue por el precipicio y murió. Entonces nos vimos obligados a
hacer otras cosas y descubrimos capacidades que no sabíamos que
poseíamos. Y ya ve el resultado, conocimos el éxito».*

Las situaciones límite nos obligan a ponernos las pilas
y a desechar todas las excusas. La realidad te lleva a rastras
y te obliga a dudar de los paradigmas que más quieres.
Hagamos un ejercicio al respecto.

————Ejercicio imaginario: Un paseo———
con los ángeles

Este es un ejercicio de pura imaginación fantástica. Quiero
que cierres los ojos y te imagines que eres un conferencian-
te que se proclama a sí mismo un ateo consumado. Eres el
líder de los ateos. Tu exposición es una reafirmación seria y
profunda de los principios que sustentan la irreligiosidad.
Tus palabras son tan extraordinarias que los miles de personas que te escuchan aplauden a rabiar lo que dices. Concéntrate en esto, siéntelo, no importan tus creencias: hablas
ante un auditorio basado en tu convencimiento. No crees
en nada. Piensas que lo espiritual y lo transcendente son
productos de un pensamiento mágico o primitivo. Obsérvate diciendo: «Dios es un invento del hombre», «Dios ha
muerto», y cosas por el estilo. No tienes fe, sino certeza, y
eso es lo que trasmites. Concéntrate. Estás frente a un atril,
encima de un gran escenario, expresando lo que consideras irrebatible, una verdad que para ti no admite duda algu-

na. Sigues hablando y hablando, hasta que de pronto ocurre un hecho extraordinario, sorprendente y fuera de toda lógica. De manera intempestiva se abre el techo del recinto y bajan dos ángeles alados, blancos, enormes y hermosos. Quédate con esa imagen, trata de verlos en todo su esplendor. El hecho te hace palidecer y quedas petrificado ante la situación. Se hace un silencio total e insondable entre los asistentes y ambos seres baten sus alas, te toman de los brazos y te llevan por los aires a dar un recorrido sobre la ciudad. Trata de ver las luces, los automóviles, los edificios y sentir la brisa en tu rostro mientras vuelas. Después de unos minutos, aterrizan y te dejan nuevamente en el escenario. El techo se cierra y quedas mirando al público que no se ha ido. ¿Qué harías? ¿Seguirías exponiendo tus tesis? ¿Te bajarías del lugar y te alejarías corriendo? ¿Qué diablos les dirías a los asistentes? ¿Pondrías en duda tus creencias? Lo más seguro es que sí, pero aún en esa situación, tratarías de buscar una justificación, la que fuera. La realidad te mostró que dos ángeles se presentaron frente ti, lo presenció todo el mundo, no fue una alucinación. Los tocaste, los miraste, sentiste el batir de sus alas, eran reales. Y he aquí la pregunta clave: ¿dejarías de ser ateo o necesitarías más «pruebas»? Me dirás que esto no puede pasar, que es muy fantasioso o que no es posible. Y sí. Pero esto deja una cuestión para reflexionar. El ensayo imaginario muestra el impacto que puede tener en uno una experiencia límite. Un hecho que va directo al centro de tu creencia más sentida y te obliga a asimilarla y a revisarte internamente. Aunque te niegues, ella te exige que revises tus creencias más arraigadas, así te haga sudar la gota gorda.

Poco a poco, esfuerzo más esfuerzo

Si el esfuerzo bien orientado es un valor o una virtud, entonces puede cultivarse. Uno no pasa de ser haragán a ser el más trabajador de la noche a la mañana. Hay que practicar y empeñarse en ser más resistente. Veamos la siguiente tarea.

─────────────**Ejercicio: Paso a paso**─────────────

1. Elige una actividad que no toleras porque, cuando intentas hacerla, el cansancio te agobia y el autocontrol falla. No tienes paciencia ni posees la suficiente fuerza de voluntad para hacerla.

2. Vas a pensar que no buscarás el placer, sino el tesón, la constancia y la obstinación positiva. Te dirás a ti mismo: «Es un desafío para mí, no soy tan enclenque como para fatigarme o darme por vencido tan fácilmente». Probarás tu fortaleza. Será un reto contigo mismo.

3. No te lances a la faena como un loco y exigiéndote más de la cuenta. Supongamos que se trate de hacer ejercicio físico regularmente, como caminar en una máquina o por algún lugar. Podrías empezar tres veces por semana durante quince minutos con un grado de exigencia medio.

4. Lo importante es lo que pienses antes y después del entrenamiento. Al empezar, no pierdas de vista el motivo real: no lo harás para bajar peso ni para sacar músculos ni para oxigenarte o ver el paisaje. Ten tu meta clara: *sacar callos al sufrimiento, al malestar o a la incomodidad de hacer algo que en principio no te place.* Un de-

safío a tu baja tolerancia al sufrimiento. Cuando termines cada uno de los tres ensayos, felicítate. Al hacerlo habrás creado un pequeño refuerzo a tu capacidad de aguante.

5. Utiliza autoafirmaciones positivas mientras caminas: «No me va a ganar la pereza», «Nada se logra sin esfuerzo», «Pondré en práctica mi voluntad de poder».

6. Después de la primera semana, incrementa la actividad en alguna variable: tiempo, distancia o rapidez. Un poco más. No quieres batir ningún récord, es un asunto personal: vas a entablar una relación distinta con el esfuerzo.

7. Sigues repitiendo el itinerario incrementando su dificultad semana tras semana. Antes de dos meses deberás estar caminando cinco días a la semana o más, si te place, y mínimo durante veinte minutos o media hora cada vez.

8. Cuando logres un avance, tómale el pelo a la pereza, al menos en lo que a caminatas se refiere. Imagínate que la tienes de frente: «¿Cómo te sientes, pereza, ahora que estás perdiendo la contienda conmigo?».

9. Si al caminar sientes que el cansancio te puede, baja la velocidad por un instante y luego recupérala. Y empújate interiormente con firmeza: «¡No puedo ser tan frágil!». Que la molestia se vuelva tu compañera. Recuerda siempre cuál es la meta: *crear callos y entender que cualquier cosa que quieras hacer en tu vida necesita tu disposición plena y meterle ganas, así duela.*

10. Busca alguna otra tarea en que la baja tolerancia al esfuerzo te haya vencido. Y rétala. Sigue con la secuencia anterior. Cada nueva actividad que hagas se generalizará y creará en ti una nueva actitud de firmeza.

11. Recuerda: cuando tengas que enfrentar un problema o realizar cambios en tu vida, estos no deben convertirse inexorablemente en un dolor de cabeza. Ten en mente dos cuestiones básicas: transforma la situación en un reto personal («Voy a ponerme a prueba») y comprométete de verdad con cada fibra de tu ser en llevar a cabo la tarea («Me involucraré de verdad»).

Conclusión: un estilo de vida que haga del esfuerzo un valor, hará más difícil que la resistencia al cambio se instale y mayores serán tus posibilidades de alcanzar una vida plena.

Segundo antídoto: asume riesgos de manera responsable

Lee esta frase de José Ingenieros sobre el hombre rutinario, de su libro *El hombre mediocre*:

> Viven de una vida que no es vivir. Crecen y mueren como las plantas. No necesitan ser curiosos ni observadores. Son prudentes, por definición, de una prudencia desesperante: si uno de ellos pasara junto al campanario inclinado de Pisa, se alejaría de él, temiendo ser aplastado. El hombre original, imprudente, se detiene a contemplarlo; un genio va más lejos; trepa al campanario, observa, medita, ensaya, hasta descubrir las leyes más altas de la física. Galileo.

¿Quién eres? ¿El que corre espantado, el que se queda observando la torre de Pisa o el que entra y recorre el lugar como lo haría Galileo? Te han hecho creer que el ideal es tenerlo todo bajo control, pero, lo siento, no hay un paraíso de seguridad total aquí en la Tierra, esa es la realidad. La vida es frágil y tú también lo eres y, te guste o no, estás expuesto a un constante riesgo: enfermedades, accidentes, robos, caídas, crisis financieras, virus, guerras, terrorismo, y la lista sigue. Es verdad que es posible bajar la probabilidad de que algo malo te ocurra, pero la posibilidad te acompañará inevitablemente. Esto será así por más pataletas que tengas. Una persona ansiosa se pasará el tiempo evitando todo lo que pueda resultar mínimamente amenazante, lo magnificará y tratará de encerrarse en un búnker. La premisa es clara: con un estilo de vida asustadizo no vas a ninguna parte.

Caso: el hombre que se negaba a salir al mundo

Un paciente agorafóbico (miedo a lugares o situaciones de los que sea difícil escapar) llevaba varios años sin salir de su casa. Después de mucho trabajo y sesiones domiciliarias en las que interveníamos tres psicólogos, se logró que el sujeto llegara a la esquina. En ese punto, el tratamiento se estancó debido a un nuevo temor que no estaba previsto. Justo antes de cruzar la calle, se detuvo, soltó su brazo del mío y me miró con cierta suspicacia: «No creo que debamos hacerlo... Hay demasiados automóviles... Mejor dejemos esto para otro día». Traté de tranquilizarlo: «No se preocupe. Vamos a mirar cuidadosamente antes de cruzar». Él insistió en su argumentación: «Pero no es tan seguro... Uno puede creer que el automóvil va más despacio y de pronto ya lo tiene encima... Prefiero no cruzar la calle». Le expliqué nuevamente que el procedimiento adecuado para su caso era enfrentar el miedo y le propuse: «Vea, hagamos esto... Miramos los dos al mismo tiempo, y cuando usted diga "ya", corremos hasta la otra acera. Le aseguro que no hay peligro. Piense que millones de personas cruzan diariamente las calles sin que les pase nada». La réplica no se hizo esperar: «Pero algunos sí son atropellados». Apelé eruditamente a la estadística: «Es verdad, aunque la probabilidad es muy muy remota», pero su argumento también fue estadístico: «¿Y si yo soy la excepción?». Le pedí que se arriesgara y que se dejara guiar por mí, pero tampoco fui lo suficientemente fiable para él: «Usted tiene gafas... ¿Cómo sé que alcanza a ver bien?». Finalmente, después de rebatir una a una sus consideraciones fatalistas, logró hacer el esfuerzo y encarar la calle. Cuando llegamos al otro lado, la psicóloga que iba conmigo y yo no pudimos ocultar la típica expresión de «misión cumplida». Habíamos dado un paso importante, ya que el sujeto había comenzado a enfrentar sus miedos. Pero el placer del triunfo no duró mucho: el paciente se hallaba inmóvil, mirando aterrado la otra acera: «¡Qué hice! ¡¿Y ahora cómo regreso!?». Su calculador de probabilidades estaba desajustado, lo que era una probabilidad en un millón la interpretaba como una en diez. Necesitaba la certeza total de que nunca sería atropellado, y eso, tal como vimos, solamente se obtiene por medio de la divina providencia.

¿Qué debería haber hecho el hombre? Atreverse a cruzar la calle una y otra vez, pasase lo que pasase, y meter la cabeza en la boca del lobo, porque el lobo no existía. ¿Cuántas veces has dejado de hacer algo importante porque la imaginación inventa terribles consecuencias que nunca ocurren? La premisa es determinante: cambiar es arriesgarse. ¿Y si no resulta? Al menos lo habrás intentado y habrás sido honesto contigo mismo. Te aseguro que sería peor quedarte toda la vida con la duda y el remordimiento de no haberlo ensayado.

Una forma de vencer la ansiedad anticipatoria fatalista

Una paciente víctima de un marcado fatalismo me decía: «Si todo va mal, doctor, tenga cuidado, que puede ir a peor». Y, obviamente, en su versión de las leyes de Murphy, era incapaz de moverse libremente por el mundo sin temer una desgracia. Cualquier intento de mejora personal era frenado por sus predicciones catastróficas. Su filosofía defensiva era: «Cuanto menos hagas, mejor», y, en consecuencia, su resistencia al cambio subía como la espuma. Si estás transitando caminos similares a los de mi paciente, te recomiendo el siguiente ejercicio.

Ejercicio: El mal oráculo que llevamos dentro

La técnica del «mal oráculo» consiste en contrastar tu capacidad real para predecir o presagiar eventos dañinos futuros mediante una *lista de catástrofes anticipadas* hecha por ti mismo.

Durante al menos un mes, cada vez que se te ocurra un pronóstico negativo, anótalo en un cuaderno. Describe con lujo de detalles la profecía en cuestión: qué sucederá, cómo y sus consecuencias. Registra cada mal augurio durante ese tiempo y entrégate al peor de los pesimismos, a ver qué pasa. Tú simplemente te limitarás a escribir.

Al cabo del mes, observa cuántas de esas anticipaciones catastróficas se cumplieron. Debes estar muy pendiente de tus pensamientos «predictivos», no dejar escapar ni uno y que queden plasmados sobre el papel. Si todas tus predicciones negativas se realizaron, pues cambia de profesión y monta un consultorio astral, pero si eso no ocurre, que es lo más probable, aprenderás algo fundamental: tus cualidades de «especialista en anticipar calamidades» dejan mucho que desear.

Puedes repetir el ejercicio varias veces para convencerte. Lo importante es que reconozcas humildemente que el futuro no resultó tan nefasto como lo veías venir. Cuando la preocupación irracional y el fatalismo te atrapan, el estrés es el que manda. La premisa liberadora te saca de este absurdo esquema y te abre un mundo más realista en el que no vales por lo que anticipas, sino por lo que haces en el aquí y ahora.

¿No estás cansado de perder el tiempo defendiéndote de cosas que solo han sucedido en tu tenebrosa mente? Lo desconocido, el futuro que se relaciona con tus transformaciones internas y externas, puede ser bueno o malo. ¿Por qué no te relajas aunque sea una vez y le entregas el control al cosmos, al destino, a la suerte o a la providencia, según sea tu creencia? Que ellos se encarguen. Suelta el control. Y entonces repite para ti mismo la frase liberadora que deja sin base cualquier ansiedad, exprésala de corazón, de verdad: «Acepto lo peor que pueda pasar». Y luego la estocada final para rematarla: cuando alguien te pregunte con cara de morboso sobre tu futuro, dile: «No tengo la menor idea, pregúntale al universo si eres su amigo».

Audacia y experimentalismo: no caer en el espíritu del hámster

Una reflexión: la valentía no es ausencia de miedo, es la capacidad de enfrentarlo para dominarlo o superarlo. ¿Cómo hacerlo entonces? *Audacia y experimentalismo como forma de vida.* Hacer uso de una tríada muy poderosa: *tenacidad* (insistir), *voluntad* (querer hacerlo) y *resistencia* (capacidad de aguante). Cualquier transformación que quieras llevar a cabo implica asumir que habrá imponderables de todo tipo.

¿Cómo vas a cambiar si te falta valor? ¿Cómo reinventarte si lo que vendrá o lo que crees que vendrá te paraliza? ¿Cómo desarrollar tu potencial humano si careces de arrojo? Tal como dije, la vida es frágil, *pero no cobarde.* Hay que cuidarse, pero no enclaustrarse.

Anímate y rompe de una vez la cinta de seguridad que te han puesto en tu cerebro, salta al ruedo y asume la decisión que se requiere para meterte en la vida en cuerpo y alma. La prudencia es una virtud si no la exageras. La *pre-*

caución razonable (saludable) es una cosa, la *paralización preventiva* (enfermiza) es otra muy distinta.

No hablo de que te aventures a cualquier lugar objetivamente peligroso si no hay una razón lógica para hacerlo, eso es insensato, además de irresponsable. Lo que te propongo es que no dejes que el miedo irracional decida por ti, o al menos que intentes afrontarlo. Para «descubrir» se necesita osadía, ir un poco más allá de lo conocido; de otra manera es como ver la vida por el ojo de una cerradura.

Veamos un ejemplo, a manera de relato, de lo que podría ocurrir si alguien que actúa mecánicamente de pronto rompe con esa práctica (costumbre, norma, hábito) y se pregunta qué sentido tiene lo que está haciendo. Es decir: *acaba con la resignación y el adormecimiento mental que se ha apoderado de él.*

Supongamos entonces que hay infinidad de personas caminando en un enorme círculo, dando vueltas una detrás de la otra, y que en cada una de las espaldas cuelga un letrero para que lea el sujeto que viene atrás y que dice: «Esta es la ley: sígueme sin rechistar. No preguntes, solo camina». Es de esperar que la «rueda humana» siga moviéndose indefinidamente, cada uno a la zaga del otro, porque esa es la prescripción. Así los educaron. Imaginemos que alguien de pronto se pregunta: «¿Qué estoy haciendo aquí?», «¿Por qué me comporto de esta manera?». Y entonces decide desobedecer las indicaciones del cartel que está frente a él, gira sobre sí mismo y encuentra los ojos de quien viene siguiéndole los pasos mansamente desde hace mucho tiempo. Todo se desordena; al parar uno, la mayoría choca con el que va a delante y la confusión es mayúscula. Se detiene la conducta irreflexiva del grupo y las miradas de los integrantes se cruzan por primera vez. Se descubren, se cotejan, se individualizan, dejan de actuar como una camada de hámsteres pegados a una rueda. ¡Toman conciencia y despiertan! Entonces empiezan a cuestionarse hacia dónde iban, y la respuesta será triste, a la vez que liberadora: «A ningún lado». Y luego llegará indefectiblemente la pregunta esencial: «¿Quién nos puso aquí?».

Recuerdo *El expreso de medianoche*, una película de finales de los setenta (ojalá la veas). En una cárcel de Estambul, condenado a treinta años por llevar hachís, el personaje debe enfrentar situaciones inimaginables. Una de ellas ocurre en una especie de loquero donde la gente que allí se encuentra, abandonada a su suerte, da vueltas alrededor de un aparato móvil central empujando unos palos que salen de él. Todos van en el mismo sentido, similar a los peregrinos que dan vueltas a la Kaaba de la Meca. El personaje, en un momento dado, decide ir en sentido contrario al de la gente que gira allí, quizá para mantener viva la escasa voluntad propia que aún le queda. Los demás le dicen de manera insistente que va en el sentido contrario, pero él no cambia de dirección.

Suele pasar que cuando alguien se cansa de seguir por una ruta preestablecida, hay una sacudida. Y podría ocurrir que la «verdad absoluta» no sea tal y que la supuesta determinación del destino sea algo que depende más de ti. Nietzsche, una vez más: «Hay un camino en el mundo por el que nadie más que tú puede caminar. ¿Hacia dónde lleva? ¡No preguntes, camina!».

Para que medites sobre esto

Ser audaz es habitar la incertidumbre. Puedes hacerlo a la manera occidental, con gastritis, insomnio y estrés, o a la manera oriental, montarte en la ola de lo imprevisible y andar con ella. Detrás de esto hay dos posturas existenciales básicas, sobre las que deberías meditar y elegir: ver la vida como un lago apacible y trasparente donde cualquier movimiento en el agua te produce inquietud o percibir la vida como un río vertiginoso y turbulento que arrastra todo lo que se le acerca y en el cual hay que aprender a sobrevivir. En la primera versión, tu tolerancia a la frustración será mínima: las ondas que se desprenden de arrojar una piedra en el lago te parecerán una marejada. En la segunda, deberás desarrollar una variedad de estrategias de supervivencia, por ejemplo: flotar, agarrarte a un tronco, dejarte llevar por el río y ser parte de él, pedir auxilio, nadar contra la corriente; en fin, la meta será seguir viviendo a lo que dé lugar. *En la primera, te convertirás en una persona intolerante al malestar; en la segunda, actuarás como un guerrero de la existencia.*

Tercer antídoto: explora, descubre, asómbrate

Como ya viste, el esfuerzo y la valentía son dos antídotos imprescindibles para iniciar y mantener cualquier transformación. Sin embargo, se necesitan también dos elementos adicionales que acompañan la apertura al cambio: *curiosidad* y *capacidad de exploración.*

Hay personas a quienes nada les mueve internamente. Muy pocas cosas llaman su atención porque han perdido la capacidad de asombro (parecen de plástico). Ya no investigan ni exploran la realidad, y entran en una especie de resignación crónica como si todo les diera lo mismo: han perdido el don de la curiosidad y la vida no les hace ni cosquillas. El pensamiento que reafirma esta apatía es como sigue: «Para qué indagar, si ya está todo dicho. Nada me mueve, nada me seduce». No es depresión, es insensibilidad y conformismo de línea dura. Tampoco es la serenidad del sabio, sino indolencia existencial. El fin del pensamiento creativo y la muerte emocional: aquí se acaba lo conocido y más allá no hay nada.

Nunca llegues a esto, por favor. Cuando algo se salga de lo habitual, puedes hacer dos cosas: asustarte y escapar, porque te enseñaron que lo inesperado es amenazante, o indagar qué ocurre, aunque la adrenalina te inunde. La monotonía adormece la capacidad de husmear y empezarás a vegetar.

Repitamos: la emoción de la curiosidad es la que determina tu espíritu de investigación y la motivación de no quedarte con lo obvio. Cuando esto ocurre, hay que rasgar los velos de las apariencias y dejar que una pregunta esencial marque el paso: «¿Qué habrá detrás?». La ortodoxia y los individuos con resistencia al cambio odian la curiosidad, la ven como algo subversivo que induce a la gente a preguntarse cosas que no debería. Desde luego, me refiero a una curiosidad saludable que no ponga en riesgo tu bienestar (salud física y psicológica) y el de la gente que te rodea. La «curiosidad saludable» es la que te acompaña en tu crecimiento personal y te ayuda a potenciar tus talentos. Por eso no se trata de reprimirla, sino de encauzarla.

¿El gris o lo colorido?

Quieras o no, el «instinto de indagar» ya lo tienes incorporado en tu ADN, es un recurso que te ha dado la naturaleza para examinar el mundo y meter tus narices donde no te llaman. ¿Intromisión e indiscreción? Sí, pero de la buena. Supongamos que en el gris de tu vida de pronto ocurre algo verdaderamente extraño, aparecen unos colores. Te intriga. Esa novedad genera un vacío informacional en ti y sientes el impulso de llenarlo, sí o sí. O dicho de otra forma: la incógnita te incita y te excita. Un pensamiento se incrusta en tu mente: «¡Quiero saber qué pasa!». Entonces te acercas a esas tonalidades que se destacan sobre el fondo apagado de tu existencia. Las hueles, las tocas, las miras desde distintos ángulos, intentas averiguar de qué se trata, de dónde vienen, y sigues indagando. Tu cerebro se activa y conecta con un nuevo elemento: la *emoción del interés*. No estás satisfecho, no lo tienes claro. Insistes una y otra vez. Y, sin esperarlo, de pronto levantas la cabeza y «se hace la luz»: descubriste el arcoíris.

Una mente rígida y pegada a las convenciones jamás se acercaría a ver el color que destaca en una realidad mortecina, no le interesaría correr el riesgo de romper el orden imperante. Solo verá los grises. Tapará los colores con el dedo porque su manual de instrucciones no le dice qué hacer. Incluso es probable que se enfurezca y recomiende a los demás: «¡No os dejéis llevar por mentiras, la vida es sombría!». El problema es que tú ya lo has visto, lo has sentido con los huesos y ya no puedes ser el mismo: has incorporado el arcoíris a tu memoria y llevas su colorido dentro de ti. Cambiaste, te volviste peligroso para los que defienden el mundo unicolor.

Para que medites sobre esto

Los niños, alrededor de los dos años, se sueltan de la dependencia/apego de sus cuidadores (*attachment*) y salen a investigar el mundo que los rodea gracias a una fase de independencia y desapego (*dettachment*), que está biológicamente determinada. Existe una fuerza vital e instintiva que los empuja a salir de su zona de protección, lo que produce cambios neurológicos importantes que incrementan y mejoran la capacidad de aprendizaje mediante un proceso que se denomina mielinización (aumento de sustancia blanca). Dicho de otra manera: la naturaleza te quiere travieso e inquieto por lo nuevo. A esta etapa se la conoce como «los terribles dos»: el niño corre delante y los padres detrás.

¿Hace cuánto que no sales a vagar sin rumbo fijo, que no improvisas? Cuando induzco a mis pacientes a que incrementen su ambiente motivacional, muchos me dicen: «¿Y qué hago?». Yo les contesto: «Buscar». No hay una lista prefabricada sobre qué hacer de

---

bueno con tu propia vida. Hay que fabricarla investigando y tanteando el medio que te rodea: de cada diez puertas que abras, posiblemente una te muestre algo interesante y maravilloso que justifique el esfuerzo. Si lo cotidiano se vuelve demasiado usual y puedes prever tu futuro inmediato muy acertadamente, significa que no has explorado lo suficiente. Cuando lo común y corriente te rodea de manera frecuente, es hora de salir a investigar.

No hay nada más peligroso para unas mentes rígidas que revisar una tradición o aceptar un cambio

La curiosidad te hace recorrer otros caminos diferentes a los que marca el conformismo. Hacerlo te conducirá a algo inevitable y que el oscurantismo detesta: *el placer del descubrimiento*. Encontrarse con lo desconocido lleva a reacomodar esquemas, revisar paradigmas y desechar lo inútil, lo absurdo o lo peligroso, parafraseando a Krishnamurti. Al hacerlo, sacas de tu vida aquello que ya no te viene bien y no concuerda con el hallazgo. Insisto: así protesten los enemigos del cambio, la cadena es imparable; *la curiosidad lleva a investigar y esta conduce al descubrimiento, que luego genera el cambio que, como dije, no siempre es bien visto.*

Para que medites sobre esto

Hace 175 años, un médico ginecólogo nacido en Budapest, llamado Ignaz Semmelweis, a sus treinta años introdujo la práctica del lavado de manos de los médicos durante los trabajos de parto. A mediados del siglo XIX en Viena, donde él trabajaba, la tasa de mortalidad por fiebre puerperal (infección adquirida durante el parto) fluctuaba entre un 11 y un 30 %. En su experiencia, el doctor Semmelweis observó que las salas obstétricas con mayor mortalidad eran aquellas en las que los médicos y alumnos acababan de realizar autopsias.

Por aquel entonces no se conocía la existencia de microbios (eso lo demostraría Pasteur veinte años después), y menos que se pudiera adquirir infecciones por el contacto físico. Según la teoría dominante, se atribuía la mortalidad materna a la alimentación, a la debilidad de la madre o a lo que se llamaban «miasmas» (emanaciones pestilentes de suelos y aguas residuales).

El galeno pensó que la higiene de los médicos después de hacer las autopsias disminuiría la mortalidad de las parturientas, y entonces propuso que se lavaran las manos antes de cualquier intervención, a ver qué pasaba. Puro método científico.

Esto produjo revuelo entre sus colegas. En primer lugar, porque iba en contra del conocimiento aceptado de la época, y en segundo lugar, porque la hipótesis de Semmelweis sostenía que eran los médicos los portadores y causantes de la enfermedad. ¡Una falta de respeto con los que precisamente salvaban vidas!

Los resultados obtenidos fueron excepcionales y se redujo la mortalidad al 3%. Pero eso no bastó para que se cambiara el paradigma reinante. El prejuicio y el escepticismo de los ginecólogos de Viena hicieron que no quisieran ver los resultados. Más aún, lo echaron del hospital por tener «ideas revolucionarias». Consideraron su teoría como aberrante y contraria al sentido común. En otras palabras: aun tratándose de vidas humanas, en los médicos pudo más la ofensa a su estatus y el miedo al cambio. Semmelweis fue encerrado en un psiquiátrico, donde falleció, paradójicamente, por una herida que se le infectó.

En el año 2015, 159 años después de la muerte del doctor Ignaz Semmelweis, la UNESCO reivindicó su legado al nombrarlo uno de los personajes del año.

Anímate a navegar en una mente distinta a la tuya

Quizá te haya pasado algo similar. De niño me decían: «La curiosidad mató al gato», y yo pensaba cómo diablos se relacionaba eso con las siete vidas que ellos tenían. La orden era: «No te metas donde no te llaman». Pero es que a veces la llamada es interior e irrefrenable, como una cascada de preguntas abiertas. Cuando me daba por desmontar algunos de los carritos o los muñecos de superhéroes que tenía, la regañina no se hacía esperar: «No rompas el juguete, ¡cuántos niños quisieran tener uno!», un intento de control por culpa y chantaje emocional que no me afectaban en absoluto. El asunto es que yo no los rompía, los desmontaba para mirar dentro y saber cómo funcionaban. Y cuando al fin hacía algún descubrimiento que me dejaba asombrado, nadie me prestaba atención. Una cuestión es clara: *la mejor manera de frenar la tendencia al cambio es una educación que no permita abrir la mente a lo desconocido.* ¿Que no te gusta lo inesperado? Lo siento, pero si piensas así, tendrás que excluir de tu vida dos cosas extraordinarias: *la improvisación* y *la espontaneidad.* Inventar o resolver problemas sobre la marcha y permitir que tu naturalidad haga lo que quiera. Los obsesivos entran en crisis con lo primero («¡Dios mío, improvisar!»), y los que temen la opinión ajena se paralizan ante lo segundo («¡Qué pensarán de mí si me muestro como soy!»). Sus herramientas defensivas son especialmente dos: previsión enfermiza y máscaras a granel.

——Ejercicio: Explorar una mente sin prejuicios——

Indagar en una mente ajena no significa que debas «convertirte» en nada, ni hacer tuyos principios, creencias o valores que no encajan con tu manera de ser. No tienes por qué conversar con un terrorista ni tomarte unos tragos con el jefe del Ku Klux Klan. La propuesta es que interactúes de vez en cuando con personas del común, aunque haya filosofías de vida diferentes.

Busca gente que haya tenido experiencias vitales distintas a las tuyas. Quizá en tu entorno haya más de una. Si se te da la oportunidad de conocer a una persona distinta a ti, no la pierdas. No importan su etnia, sus orígenes, su sexo o su creencia religiosa; no habrá discriminación de tu parte. Te interesarás por conocerla y no solo por escucharla, buscarás *comprenderla*: qué piensa, qué siente, cuál es su visión del mundo, sus sueños, cómo ama, y así. ¿Qué estás haciendo en última instancia? Aproximar dos singularidades. Esto se llama, en psicología cognitiva, «descentrarse»: salir de tu mente, poner tus esquemas entre paréntesis por un rato, viajar hasta la mente del otro y entrar en su espacio interior. Husmear en un sentido respetuoso. No se trata de invadir, sino de avanzar a medida que te vayan abriendo puertas, cosa que tú también deberás hacer porque este proceso de entendimiento es de ida y vuelta. Encontrarás cuestiones que te sorprendan, te asusten, te alegren o simplemente te resulten incomprensibles. Pregúntate de dónde provienen, cuál es su historia, en qué se sustentan, cómo se gestaron y moldearon. Estás moviéndote por un mar de información cognitiva y afectiva extraña, como un antropólogo que encuentra una civilización desconocida y quiere adentrarse en ella sin prejuicios. Ojo: esto no es un interrogatorio, es comunicación esencial con un otro válido en la convivencia, tan importante que vale la pena estar atento y escuchar lo que expresa. Es una reunión cordial en la que nadie se siente evaluado. Una forma de «hospitalidad» que facilita la posibilidad de compartir divergencias y similitudes. Tal como dije, es probable que tu interlocutor, al ver tu disposición y tu actitud honesta, también inicie su viaje y golpee a tus puertas para que las abras. Si en este intento amistoso sientes que la persona que tienes enfrente se cierra o lo haces tú, regresa a ti serenamente y saca los paréntesis. No se pudo, no quise o no quiso; respeto absoluto. Pero si ambos deciden seguir adelante, trata de sonreír por dentro y, como se dice, lleva tu corazón en la mano, muéstralo y deja que lo acaricien. Recuerda que el fin de este ejercicio no es convencer ni que te convenzan, sino adentrarse en la humanidad de alguien que, por la razón que sea, lo ubicas o se ubica como «distinto». Cuando regreses a tu «yo», si todo fue bien, y te centres nuevamente en ti, habrás recogido nuevas sensaciones, sentimientos, ideas, vivencias y costumbres. Aprenderás que hay otras verdades y habrás dado rienda suelta a tu sensibilidad. Algo muy importante para que tengas en cuenta: *aceptar al otro en la diferencia es una forma de reafirmar tu individualidad.*

Podrías decirme que no quieres complicarte la vida, que mejor sigues como estás, quieto, sin moverte. Después de todo: «Mi vida no es tan horrible». Presta atención a la frase «no es tan horrible». No pienses como los perdedores. *La idea no es conformase con lo «menos malo», sino con lo «mejor posible».*

Cuarto antídoto: practica el inconformismo

Ante la pregunta de una periodista: «¿Qué faceta humana nos destruye?», Eduardo Galeano responde:

> El conformismo, la aceptación de la realidad como un destino y no como un desafío que nos invita al cambio, a resistir, a rebelarnos, a imaginar en lugar de vivir el futuro como una penitencia inevitable.

Galeano, quizá sin darse cuenta, coincidía con un gran número de psicólogos, como, por ejemplo, Abraham Maslow, Carl Rogers, Erich Fromm y Albert Ellis, entre otros, quienes consideraron que el *inconformismo es un factor determinante para la autorrealización*. ¿Qué entendemos por *inconformismo*? La actitud o la tendencia de una persona que no se conforma fácilmente con determinados valores, reglas o costumbres sociales, políticas o culturales y las cuestiona o impugna, especialmente cuando son adversas, injustas o inmovilistas. No me refiero a un inconformismo insalubre e irracional (insatisfacción crónica), sino a uno *sensato, pacífico y selectivo*, con la valentía necesaria para expresarse cuando sí debe hacerse. Dicho de otra forma: sentar la disconformidad y, de paso, no seguir mansamente lo que dictan las mentes rígidas y las convenciones sociales tóxicas.

Hay dos conceptos de la psicología social sobre las normas que es bueno que tengas en cuenta: / 02/16/23
G.A D. 11.20 PM

- *La influencia informativa.* Tiene que ver con aquella información que observamos en situaciones o lugares desconocidos cuando no tenemos claro cómo comportarnos. Por ejemplo, si viajas a un país extraño y no conoces las costumbres, sin duda la información que puedas recabar será útil para no ofender a los habitantes del lugar y poder adaptarte al medio.
- *La influencia normativa.* Ocurre cuando las personas aceptan pasivamente las normas para evitar el rechazo social y tener la aprobación de los demás, así como para acceder a determinada escala social.

Las personas inconformistas son muy resistentes a la influencia normativa. A todos nos ha pasado alguna vez que ciertas costumbres no encajan con nuestra manera de ser y, sin embargo, nos adaptamos a ellas de mala gana por el miedo a ser distintos. ¿Por qué te asusta ir a contracorriente si no pretendes tumbar nada ni participar en ninguna revuelta, si solo quieres tomar tu camino en paz? El problema es que, si renuncias a ser auténtico, te acostumbrarás a «sufrir con comodidad», lo que significa que estarás negándote a ti mismo.

¿Cómo se crea un paradigma?

Tal como dije en la introducción, todos tenemos una música interior que seguimos, un rumor o un pulso que nos mueve desde lo más profundo de nuestro ser. A ti también te ocurre, si te cuesta escucharlo a veces es porque hay otra melodía que suena más fuerte y que tocan los enemigos del cambio. Sin embargo, y pese a la interferencia del ruido, el inconformista es difícil de silenciar. Masca todo el tiempo su propio ritmo y se mueve al compás de otra melodía.

¿Que no les gusta a los demás? Qué le vas a hacer. Tu meta no es el reconocimiento ni que se unan al baile. Si comentan por ahí que eres un rebelde, un incorregible o un inadaptado, todo esto debe resbalarte. Míralo de este modo. Te llaman «rebelde» porque te opones a ciertos paradigmas que consideras inapropiados; te llaman «incorregible» porque no rindes pleitesía a los modelos de autoridad psicológica que te proponen; te llaman «inadaptado» porque defiendes tu singularidad y no te dejas domesticar por la «mentalidad de masas». ¿Te ofende lo anterior o te enaltece?

La mejor manera de luchar con los paradigmas irracionales es comprender cómo se crean. Ya vimos en el relato de «El gato sagrado» de qué manera un comportamiento cualquiera puede convertirse en un producto de culto. Analicemos ahora, a través de una fábula inspirada en un experimento hecho con monos, cómo se crean estos paradigmas o modelos de funcionamiento.

Para que medites sobre esto

Cinco chimpancés son encerrados en una jaula, en cuyo centro hay una escalera con un racimo de plátanos en su parte más alta. Cuando los monos se percatan de la existencia del alimento, no tardan en subir por la escalera para alcanzarlo. Pero no les será tan fácil. Cada vez que un simio sube por los escalones, un chorro de agua helada moja a los cinco monos.

Como es lógico, después de algunos intentos, los primates asocian los plátanos con el chorro de agua fría. En consecuencia, cada vez que alguno de ellos vuelve a trepar por la escalera, los demás lo agreden de todas las formas posibles: gritos, golpes y mordiscos. Después de un tiempo, ningún mono volvió a intentarlo para evitar las palizas, y los investigadores desconectaron el agua fría.

Y aquí viene lo sustancial. Los experimentadores sacan uno de los cinco simios y hacen entrar a otro en la

---

jaula. El recién llegado ve los plátanos y, como desconoce lo que ocurre, intenta hacerse con ellos, pero los otros de inmediato lo castigan ferozmente. El novato no entiende qué pasa y vuelve a probar algunas veces más, hasta que se da cuenta de que es mejor quedarse quieto y evitar más golpes. Luego se repite el procedimiento y se saca un mono y entra otro. El nuevo, al igual que el anterior, quiere alcanzar los plátanos, y llega la paliza de los otros cuatro monos, incluido el novato, que no tiene idea de por qué no se puede subir la escalera. Al rato, el nuevo decide no intentarlo más. Y así van sustituyendo uno a uno todos los simios, hasta que ninguno de los cinco que quedaron en la jaula había estado en el momento inicial, cuando se lanzó el chorro de agua. Los investigadores añaden más: entra otro mono, ve los plátanos, intenta agarrarlos y los cinco que están ahora en la jaula lo castigan. Y lo sorprendente: ninguno sabe por qué lo hace. El racimo de la escalera se declara implícitamente como un «fruto prohibido».

Cualquier parecido con la realidad no es mera coincidencia. Se instaura un paradigma o norma: «Prohibido trepar por la escalera y tomar los plátanos», cuyo origen, razón o motivo es desconocido para los que lo transmiten. Nadie sabe por qué: solo saben que es así. Si algún día entra un simio inconformista, quizá se pregunte por qué la cosa es así y lo intente, aunque tenga que aguantar algunas palizas. Y si finalmente logra subir y agarrar un plátano, todos descubrirán que en realidad no hay problema alguno.

Nunca te canses de preguntar «por qué
las cosas son así y no de otra manera»

Una clave para no dejar que tu mente se «acostumbre a la costumbre» es preguntarte una y otra vez el porqué de las cosas que ocurren dentro o fuera de ti. No conformarte con cualquier explicación. Veamos un ejercicio que usamos en terapia cognitiva.

Ejercicio: La flecha hacia abajo

Ensáyalo cuando estés a solas. La flecha hacia abajo indica que deberás preguntarte tantos «por qué» como seas capaz de responder frente a una afirmación cualquiera. Es un pimpón de preguntas y respuestas que te haces a ti mismo. Veamos la siguiente secuencia:

Pensamiento inicial: «Estoy triste».
Flecha: «¿Por qué estoy triste».
Respuesta: «No sé».
Flecha: «¿Por qué digo "no sé"?».
Respuesta: «Porque me falta información».
Flecha: «¿Por qué no tengo suficiente información?».
Respuesta: «Quizá no me conozco lo suficiente».
Flecha: «¿Por qué no me conozco lo suficiente?».
Respuesta: «No me ocupo de mí mismo, me he descuidado» (déficit en quererse a sí mismo).

Te detienes en los «por qué» cuando aparezca algo relevante o si entras en un círculo vicioso en el que las respuestas no aportan nada nuevo. Una condición para tener en cuenta es que en tu pensamiento inicial sea concreto y solo contenga una cuestión. Apliquémoslo a una costumbre o norma social:

Pensamiento inicial: «No es correcto decir palabrotas».
Flecha: «¿Por qué?».
Respuesta: «Es de mal gusto y de mala educación».
Flecha: «¿Por qué es de mal gusto y de mala educación?».
Respuesta: «La gente bien educada no las usa».
Flecha: «Por qué no las usa».
Respuesta: «Les enseñaron a no decirlas».
Flecha: «¿Por qué».
Respuesta: «¿Para que no se llevaran una mala impresión de ellos?» (Dependencia del qué dirán).

Cuando adquieras la sana costumbre de preguntarte «por qué algunas cosas son así y no de otra manera», habrás creado un esquema de curiosidad e inconformismo sano. Serás inmune a la resistencia al cambio.

EPÍLOGO

Si llegaste hasta aquí, supongo que habrás creado algún esquema de inconformidad y la idea de que no eres un títere de la cultura que pretende llevarte de un lado para el otro sin considerar tu singularidad. También supongo que tendrás más clara la idea de que oponerse pacíficamente a cualquier lavado cerebral que quieran hacerte es tu derecho y no una «mala conducta». Como viste, la obediencia ciega te quita humanidad.

Aunque no son las únicas, cuando te sueltas de las cuatro anclas o cadenas mencionadas a lo largo del libro, te sentirás con una mente más sagaz y penetrante, que no es otra cosa que tu ser en libertad. Allí empezarás a tener vida propia y te adueñarás de ti mismo. Sin embargo, es posible que un temor asome de tanto en tanto: «Si debo hacerme cargo de mí mismo, la responsabilidad de lo que hago será exclusivamente mía». Este es el miedo a la libertad del que hablaba Fromm, por el que pasamos todos de una manera u otra. Te pregunto: ¿qué prefieres: ser un idiota feliz o una persona lúcida con destellos de infelicidad? ¿Autoengaño o realismo?

Krishnamurti decía que la libertad no está al final, sino al principio. Y esta idea, que parece un mero eslogan, no lo es. ¿Qué vas a buscar o descubrir si tienes la mente cargada de estupideces, miedos y mentiras que no te dejan decidir libremente? Debes primero quitar el freno de emergencia de lo que no te deja moverte. Si no eres tú el que piensa, anhela y siente, en pleno uso de tus facultades, ¿quién va a desarrollar tu potencial humano? Aprópiate de tu ser, sé atrevido y pon en práctica una autonomía inteligente: es el primer gran paso antes de avanzar en otras áreas.

La idea no es protestar por protestar, ni hacerlo para llamar la atención; es rescatar tu individualidad y ponerla a funcionar en toda su capacidad y sin complejos, es decir, aunque no gustes. Te sentirás liviano, seguro, alegre, digno, audaz, valiente, curioso, explorador e inventor de tu existencia cuando decidas ser tú mismo. Sin máscaras y sin la carga de la necesidad de aprobación serás maravillosamente genuino.

No todo será un lecho de rosas, pero con cada problema, cada obstáculo, cada dificultad que se te cruce en el camino, te harás más fuerte. Es el callo de la experiencia, la marca del guerrero, uno que nunca se jubila porque la pasión de existir está metida en tus genes y a partir de ahora está dirigida por ti. Tú lo haces, tú lo esculpes, como un artista.

En la primera parte vimos cómo te olvidaste de tu ser porque el aprendizaje social privilegió en ti una atención, preocupación y fascinación por lo externo a expensas del conocimiento de ti mismo. Disminuir al mínimo una cultura de la interiorización es poner el autoconocimiento en cuarentena y mantenerlo lo más alejado posible. Aun así, es recuperable. Nadie puede aceptar pasivamente ser ignorante de sí mismo, porque, si lo fuera, se convertiría en un ser incompleto o en un autómata que solo responde a los estímulos externos (como un ratón en un laberinto manejado por el experimentador). ¡No lo aceptes! ¡No te entregues! No eres un roedor, aunque a veces te provoquen serlo: eres el león del cuento que no se orina.

En la segunda parte analizamos cómo el aprendizaje social, y a veces uno mismo influido por él, crea modelos de autoridad psicológicos o emocionales (con sus «argumentos de autoridad» correspondientes) para que sean sus referentes. Escuchar, sí; obedecer ciegamente, no. Los modelos de autoridad pululan por todas partes y se meten en tu cerebro como un ejército de troyanos. Si esto ocurre, tendrás que pedirles el visto bueno para hacer cualquier cosa. Te doblegarás ante ellos y les rendirás pleitesía. Respetar no es obnubilarse y adorar al otro, como si se tratara de un culto.

En la tercera parte nos concentramos en dilucidar por qué es dañino que te arrastre la mayoría y cómo oponerte a la corriente de la masificación que pretende instituir la uniformidad. La meta es salvar y reafirmar tu singularidad y ejercer el derecho a ser una oveja negra, un bicho raro o un patito feo. Es decir, a ser distinto. ¡Salte del espíritu de colmena! Y aunque algunos entren en crisis cuando te vean recorrer tu camino personal, saca a relucir tu individualidad cada vez que puedas. No sé hasta dónde te podrán arrastrar; sin embargo, espero que les resulte muy difícil hacerlo.

En la cuarta parte analizamos de qué modo las mentes rígidas, el conformismo y la tradición irracional te aplastan. Una mente congelada involuciona, se quiebra, se muere emocional y psicológicamente, una mente abierta al cambio y flexible se actualiza, crece, evoluciona. Es indiscutible, y la evidencia empírica lo apoya: anímate a ser un librepensador. Pregunta y utiliza todos los «por qué» que se te ocurran, hasta que te vuelvas insufrible. Ve más allá de lo evidente y cuestiona lo que tengas que cuestionar (siempre pacíficamente). No te quedes de brazos cruzados viendo cómo el progreso y la creatividad pasan por tu lado. ¡Reinvéntate!

En resumidas cuentas, estimado lector, si en la primera forma de amaestrar la mente nos *bloquean* la libertad de mirar para donde queramos, en la segunda nos *doblegan* y llevan de las narices a una obediencia ciega, en la tercera nos *arrastran* a una mentalidad de masas y en la cuarta nos *aplastan* con la obligación de seguir todas las normas, costumbres y reglas sociales sin derecho a cuestionarlas, entonces te pregunto: ¿tiene sentido quedarse impávidos y dejar que acaben hasta con nuestro último vestigio de inteligencia y humanidad?

En conclusión: si te bloquean, te doblegan, te arrastran y te aplastan en nombre de lo socialmente correcto, es hora de que defiendas tu «yo» y tu individualidad: ten el coraje de ser quien eres, aunque no gustes (ese no es tu problema).

Un Super Libro
Gracias a Veronchis
por este regalo lo
recomiendo al 100%

Hoy 02/17/23
Lo termine
11:35 pm
Viva La Disciplina
G.A.D.

BIBLIOGRAFÍA

Baudrillard, J. (1990). *La transparencia del mal*. Barcelona: Anagrama.

— (2009). *La sociedad de consumo: sus mitos y estructuras*. Madrid: Siglo XXI.

Bauman, Z. (2008). *Modernidad líquida*. Buenos Aires: Fondo de Cultura Económica.

— (2010). *Vida de consumo*. España: Fondo de Cultura Económica.

Bernal, O. A. (2015). *Psicología social*. Madrid: Biblioteca Nueva.

Bracht Branham, R., y Goulet-Cazé, M.-O. (eds.) (2000). *Los cínicos*. Barcelona: Seix Barral.

Bruckner, P. (2003). *La miseria de la prosperidad*. Barcelona: Tusquets.

Burckhardt, M., y Höfer, D. (2017). *Todo o nada. Barcelona*: Herder.

Chaplin, L. N., Rindfleisch, J. A., Roedder, S., y . Froh, J. J. (2019). «The impact of gratitude on adolescent materialism and generosity». *The Journal of Positive Psychology*, 14, págs. 502-511.

Cortina, A. (2000). *Ética sin moral*. Madrid: Tecnos.

Csíkszentmihályi, M. (2008). *El yo evolutivo*. Barcelona: Kairós.

Dowling, N. A., y Quirk, K. L. (2009). «Screening for internet dependence: do the proposed diagnostic criteria differentiate normal from dependent internet use?». *CyberPsychology & Behavior*, 12(1), págs. 21-27.

Emerson, R. W. (2009). *Confianza en uno mismo*. Madrid: Gadir.

Ennis, R. H. (1991). «Critical thinking: A streamlined conception». *Teaching Philosophy*, 14(1). Disponible en: <education.illinois.edu/docs/

default-source/faculty-documents/robert-ennis/ennisstreamlined conception_002.pdf?sfvrsn=91b61288_2>. Consultado el 22 de abril de 2019.

Flügel, J. C. (2015). *Psicología del vestido*. Madrid: Melusina.

Foucault, M. (1996). *Hermenéutica del sujeto*. La Plata (Argentina): Altamira.

Fromm, E. (1997). *Ética y psicoanálisis*. México: Fondo De Cultura Económica.

— (2011). *Sobre la desobediencia*. Barcelona: Paidós.

Greene, T. W. (2012). «Three ideologies of individualism: toward assimilating a theory of individualisms and their consequences». *Critical Sociology*, 34, págs. 117-137.

Han, B. C. (2017). *La expulsión de lo distinto*. Barcelona: Herder.

— (2018). *Hiperculturalidad*. Barcelona: Herder.

Harari, Y. N. (2018). *21 lecciones para el siglo XXI*. Barcelona: Debate.

Hays, P. A., e Iwamasa, G. Y. (2006). *Culturally responsive cognitive-behavioral therapy*. Washington: American Psychological Association.

Hogg, M. A., y Vaughan, G. M. (2008). *Psicología social*. Madrid: Editorial Médica Panamericana.

Ingenieros, J. (2004). *El hombre mediocre*. Buenos Aires (Argentina): Longseller.

Jiménez Herrera, M. A. (2016). «Un acercamiento a la moda desde la mirada filosófica de María Zambrano». *Daimon Revista Internacional de Filosofía*, 5, págs. 507-514.

Judt, T. (2011). *Algo va mal*. Madrid: Taurus.

Krabbenborg, M. A. M.; Boersma, S. N.; Veld, V. D.; Vollebergh, W. A. M., y Wolf, J. (2017). «Self-determination in relation to quality of life in homeless young adults: Direct and indirect effects through psychological distress and social support». *The Journal of Positive Psychology*, 12(2), págs. 130-140.

Kramer, A., y Zinbarg, R. (2019). «Recalling courage: An initial test of a brief writing intervention to activate a "courageous mindset" and courageous behavior». *The Journal of Positive Psychology,* 14(4), págs. 528-537.

Latouche, S. (2014). *Hecho para tirar.* Barcelona: Octaedro.

Lent, R. W.; Ireland, G. W.; Penn, L. T.; Morris, T. R., y Sappington, R. (2017). «Sources of self-efficacy and expectations of results for career exploration and decision making: a test of the social cognitive model of career self-management». *Journal of Vocational Behavior,* 99, págs. 107-117.

Lipovetsky, G. (2000). *El imperio de lo efímero.* Barcelona: Anagrama.

— (2003). *Metamorfosis de la cultura liberal.* Barcelona: Anagrama.

Mafesoli, M. (2009). *El tiempo de las tribus.* México: Siglo XXI Editores.

Mann, T. C., y Gilovich, T. (2016). «The asymmetric connection between money and material vs experiential purchases». *The Journal of Positive Psychology,* 11(6), págs. 647-648.

Milgram, S. (2002). *Obediencia a la autoridad.* Bilbao: Desclée de Brouwer.

Montesinos, T. (2017). *El triunfo de los principios: cómo vivir con Thoreau.* Bogotá (Colombia): Ariel.

Myers, D. G. (2004). *Exploraciones de la psicología social.* Madrid: McGraw-Hill.

Niemeyer, C. (2012). *Diccionario Nietszche: conceptos, obras, influencias y lugares.* Madrid: Siglo XXI Editores.

Nietzsche, F. (2001). *El espíritu libre.* Buenos Aires: Longseller.

O'Brien, J. (2015). «Individualism as a discursive strategy of action». *Sociological Theory,* 33, pág. 173-199.

Omi, Y. (2012). «Collectivistic individualism: Transcending a traditional opposition». *Culture & Psychology,* 18(3), págs. 403-416.

Onfray, M. (2007). *Cinismos.* Buenos Aires: Paidós.

Pigem, J. (2018). *Ángeles o robots.* Barcelona: Fragmenta.

Reyes, O. (2003). *El desafío cínico.* Bogotá (Colombia): Ediciones Desde Abajo.

Riso, W. (2008). *Pensar bien, sentirse bien*. Barcelona: Planeta/Zenith.

— (2018). *Filosofía para la vida cotidiana*. México: Planeta.

— (2018). *El derecho a decir no*. México: Planeta.

Robles, B., y Ramos, S. (2018). «Moda: entre la originalidad, la identidad y la alienación». *Temas de Psicoanálisis,* 16. Disponible en <temasdepsicoanalisis.org/2018/07/11/moda-entre-la-originalidad-la-identidad-y-la-alienacion/>. Consultado el 24 de abril de 2019.

Ryan, R. M., y Deci, E. L. (2000). «Self-determination theory and the facilitation of intrinsic motivation, social development, and well-being». *American Psychologist,* 55(1), págs. 68-78.

Sandel, M. J. (2013). *Lo que el dinero no puede comprar.* Barcelona: Debate.

Thoreau, H. D. (2008). *Desobediencia civil y otros escritos*. Madrid: Tecnos.